Editionen für den Literaturunterricht
Herausgegeben von Thomas Kopfermann

Joseph von Eichendorff
Das Marmorbild

mit Materialien,
ausgewählt von Andrejs Petrowski

Ernst Klett Verlag
Stuttgart · Leipzig

Die Fußnoten wurden vom Bearbeiter zur besseren Verständlichkeit des Textes eingesetzt.

1. Auflage   1 ⁶ ⁵ 4 3 2 | 2012 2011 2010 2009 2008

Alle Drucke dieser Ausgabe sind untereinander unverändert und können im Unterricht nebeneinander benutzt werden. Die letzte Zahl bezeichnet das Jahr dieses Druckes.

Die Materialien folgen der reformierten Rechtschreibung.

Der Text des vorliegenden Heftes folgt der Ausgabe: Joseph von Eichendorff, Werke in sechs Bänden, hrsg. von Wolfgang Frühwald, Brigitte Schillbach und Hartmut Schultz, Frankfurt, Deutscher Klassiker Verlag 1985. Die Rechtschreibung wurde behutsam aktualisiert, die Zeichensetzung der Vorlage beibehalten.

Das Werk und seine Einzelteile sind urheberrechtlich geschützt. Jede Nutzung in anderen als den gesetzlich zugelassenen Fällen bedarf der vorherigen schriftlichen Einwilligung des Verlages. Hinweis zu § 52a UrhG: Weder das Werk noch seine Teile dürfen ohne eine solche Einwilligung eingescannt und in ein Netzwerk eingestellt werden. Dies gilt auch für Intranets von Schulen und sonstigen Bildungseinrichtungen.

Fotomechanische und andere Wiedergabeverfahren nur mit Genehmigung des Verlages.

© für die Materialien: Ernst Klett Verlag GmbH, Stuttgart 2007.
Alle Rechte vorbehalten.
Internetadresse: www.klett.de

Redaktion: Ursula Schwarz
Herstellung: Dea Hädicke
Satz: 2 women production, Brigitte Köhler
Umschlaggestaltung: Sandra Schneider nach Entwürfen von MetaDesign, Berlin
Umschlagfoto: Corbis (Massimo Borchi), Düsseldorf

Reproduktion: Meyle + Müller, Medien-Management, Pforzheim
Druck: Druckpartner Rübelmann, Hemsbach

Printed in Germany

ISBN 978-3-12-352436-3

Es war ein schöner Sommerabend, als Florio, ein junger Edelmann, langsam auf die Tore von Lucca zuritt, sich erfreuend an dem feinen Dufte, der über der wunderschönen Landschaft und den Türmen und Dächern der Stadt vor ihm zitterte, so wie an den bunten Zügen zierlicher Damen und Herren, welche sich zu beiden Seiten der Straße unter den hohen Kastanien-Alleen fröhlich schwärmend ergingen.

Da gesellte sich, auf zierlichem Zelter[1] desselben Weges ziehend, ein anderer Reiter in bunter Tracht, eine goldene Kette um den Hals und ein samtnes Barett[2] mit Federn über den dunkelbraunen Locken, freundlich grüßend zu ihm. Beide hatten, so nebeneinander in den dunkelnden Abend hineinreitend, gar bald ein Gespräch angeknüpft, und dem jungen Florio dünkte die schlanke Gestalt des Fremden, sein frisches keckes Wesen, ja selbst seine fröhliche Stimme so überaus anmutig, dass er gar nicht von demselben wegsehen konnte.

Welches Geschäft führt Euch nach Lucca? fragte endlich der Fremde. Ich habe eigentlich gar keine Geschäfte, antwortete Florio ein wenig schüchtern. Gar keine Geschäfte? – Nun, so seid Ihr sicherlich ein Poet! versetzte jener lustig lachend. Das wohl eben nicht, erwiderte Florio und wurde über und über rot. Ich habe mich wohl zuweilen in der fröhlichen Sangeskunst versucht, aber wenn ich dann wieder die alten großen Meister las, wie da alles wirklich da ist und leibt und lebt, was ich mir manchmal heimlich nur wünschte und ahnete, da komm ich mir vor wie ein schwaches, vom Winde verwehtes Lerchenstimmlein unter dem unermesslichen Himmelsdom. – Jeder lobt Gott auf seine Weise, sagte der Fremde, und alle Stimmen zusammen machen den Frühling. Dabei ruhten seine großen geistreichen Augen mit sichtbarem Wohlgefallen auf dem schönen Jüngling, der so unschuldig in die dämmernde Welt vor sich hinaussah.

Ich habe jetzt, fuhr dieser nun kühner und vertraulicher fort, das Reisen erwählt und befinde mich wie aus einem Gefängnis erlöst, alle alten Wünsche und Freuden sind nun auf einmal in Freiheit gesetzt. Auf dem Lande in der Stille aufgewachsen, wie lange habe ich

---

1 Pferd, schon zu Eichendorffs Zeiten altertümliches, nur in poetischen Texten verwendetes Wort.
2 Mütze, ähnlich der Baskenmütze, Teil der sog. altdeutschen Kleidung, die im frühen 19. Jahrhundert bevorzugt Künstler trugen.

da die fernen blauen Berge sehnsüchtig betrachtet, wenn der Frühling wie ein zauberischer Spielmann durch unsern Garten ging und von der wunderschönen Ferne verlockend sang und von großer unermesslicher Lust. – Der Fremde war über den letzten Worten in tiefe Gedanken versunken. Habt ihr wohl jemals, sagte er zerstreut aber sehr ernsthaft, von dem wunderbaren Spielmann gehört, der durch seine Töne die Jugend in einen Zauberberg hinein verlockt, aus dem keiner wieder zurückgekehrt ist? Hütet Euch!

Florio wusste nicht, was er aus diesen Worten des Fremden machen sollte, konnte ihn auch weiter darum nicht befragen; denn sie waren soeben, statt zu dem Tore, unvermerkt dem Zuge der Spaziergänger folgend, an einen weiten grünen Platz gekommen, auf dem sich ein fröhlichschallendes Reich von Musik, bunten Zelten, Reitern und Spazierengehenden in den letzten Abendgluten schimmernd hin und her bewegte.

Hier ist gut wohnen, sagte der Fremde lustig, sich vom Zelter schwingend; auf baldiges Wiedersehn! und hiermit war er schnell in dem Gewühle verschwunden.

Florio stand vor freudigem Erstaunen einen Augenblick still vor der unerwarteten Aussicht. Dann folgte auch er dem Beispiele seines Begleiters, übergab das Pferd seinem Diener und mischte sich in den muntern Schwarm.

Versteckte Musikchöre erschallten da von allen Seiten aus den blühenden Gebüschen, unter den hohen Bäumen wandelten sittige[3] Frauen auf und nieder und ließen die schönen Augen musternd ergehen über die glänzende Wiese, lachend und plaudernd und mit den bunten Federn nickend im lauen Abendgolde wie ein Blumenbeet, das sich im Winde wiegt. Weiterhin auf einem heitergrünen Plan[4] vergnügten sich mehrere Mädchen mit Ballspielen. Die buntgefiederten Bälle flatterten wie Schmetterlinge, glänzende Bogen hin und her beschreibend, durch die blaue Luft, während die unten im Grünen auf und niederschwebenden Mädchenbilder den lieblichsten Anblick gewährten. Besonders zog die eine durch ihre zierliche, fast noch kindliche Gestalt und die Anmut aller ihrer Bewegungen Florio's Augen auf sich. Sie hatte einen vollen, bunten Blumenkranz in den Haaren und war recht wie

---

3 Sittsam, tugendhaft.
4 Ebene Rasenfläche.

4

ein fröhliches Bild des Frühlings anzuschauen, wie sie so überaus frisch bald über den Rasen dahinflog, bald sich neigte, bald wieder mit ihren anmutigen Gliedern in die heitere Luft hinauflangte. – Durch ein Versehen ihrer Gegnerin nahm ihr Federball eine falsche Richtung und flatterte gerade vor Florio nieder. Er hob ihn auf und überreichte ihn der nacheilenden Bekränzten. Sie stand fast wie erschrocken vor ihm und sah ihn schweigend aus den schönen großen Augen an. Dann verneigte sie sich errötend und eilte schnell wieder zu ihren Gespielinnen zurück.

Der größere funkelnde Strom von Wagen und Reitern, der sich in der Haupt-Allee langsam und prächtig fortbewegte, wendete indes auch Florio'n von jenem reizenden Spiele wieder ab, und er schweifte wohl eine Stunde lang allein zwischen den ewig wechselnden Bildern umher.

Da ist der Sänger *Fortunato!* hörte er da auf einmal mehrere Frauen und Ritter neben sich ausrufen. Er sah sich schnell nach dem Platze um, wohin sie wiesen, und erblickte zu seinem großen Erstaunen den anmutigen Fremden, der ihn vorhin hieher begleitet. Abseits auf der Wiese an einen Baum gelehnt, stand er soeben inmitten eines zierlichen Kranzes von Frauen und Rittern, welche seinem Gesange zuhörten, der zuweilen von einigen Stimmen aus dem Kreise holdselig erwidert wurde. Unter ihnen bemerkte Florio auch die schöne Ballspielerin wieder, die in stiller Freudigkeit mit weiten offenen Augen in die Klänge vor sich hinaussah.

Ordentlich erschrocken gedachte da Florio, wie er vorhin mit dem berühmten Sänger, den er lange dem Rufe nach verehrte, so vertraulich geplaudert, und blieb scheu in einiger Entfernung stehen, um den lieblichen Wettstreit mit zu vernehmen. Er hätte gern die ganze Nacht hindurch dort gestanden, so ermutigend flogen diese Töne ihn an, und er ärgerte sich recht, als Fortunato nun so bald endigte, und die ganze Gesellschaft sich von dem Rasen erhob.

Da gewahrte der Sänger den Jüngling in der Ferne und kam sogleich auf ihn zu. Freundlich fasste er ihn bei beiden Händen und führte den Blöden[5], ungeachtet aller Gegenreden, wie einen lieblichen Gefangenen nach dem nahgelegenen offenen Zelte, wo sich die Gesellschaft nun versammelte und ein fröhliches Nachtmahl bereitet hatte. Alle begrüßten ihn wie alte Bekannte, manche schö-

---

5 Schüchternen.

ne Augen ruhten in freudigem Erstaunen auf der jungen blühenden Gestalt.

Nach mancherlei lustigem Gespräch lagerten sich bald alle um den runden Tisch, der in der Mitte des Zeltes stand. Erquickliche Früchte und Wein in hellgeschliffenen Gläsern funkelten von dem blendendweißen Gedeck, in silbernen Gefäßen dufteten große Blumensträuße, zwischen denen die hübschen Mädchengesichter anmutig hervorsahen; draußen spielten die letzten Abendlichter golden auf dem Rasen und dem Flusse, der spiegelglatt vor dem Zelte dahin glitt. Florio hatte sich fast unwillkürlich zu der niedlichen Ballspielerin gesellt. Sie erkannte ihn sogleich wieder und saß still und schüchtern da, aber die langen furchtsamen Augenwimpern hüteten nur schlecht die tiefen dunkelglühenden Blicke.

Es war ausgemacht worden, dass jeder in die Runde seinem Liebchen mit einem kleinen improvisierten Liedchen zutrinken solle. Der leichte Gesang, der nur gaukelnd wie ein Frühlingswind die Oberfläche des Lebens berührte, ohne es in sich selbst zu versenken, bewegte fröhlich den Kranz heiterer Bilder um die Tafel. Florio war recht innerlichst vergnügt, alle blöde Bangigkeit war von seiner Seele genommen, und er sah fast träumerisch still vor fröhlichen Gedanken zwischen den Lichtern und Blumen in die wunderschöne, langsam in die Abendgluten versinkende Landschaft vor sich hinaus. Und als nun auch an ihn die Reihe kam, seinen Trinkspruch zu sagen, hob er sein Glas in die Höh' und sang:

> Jeder nennet froh die Seine,
> Ich nur stehe hier alleine,
> Denn was früge wohl die Eine:
> Wen der Fremdling eben meine?
> Und so muss ich wie im Strome dort die Welle
> Ungehört verrauschen an des Frühlings Schwelle.

Seine schöne Nachbarin sah bei diesen Worten beinah schelmisch an ihm herauf und senkte schnell wieder das Köpfchen, da sie seinem Blicke begegnete. Aber er hatte so herzlich bewegt gesungen und neigte sich nun mit den schönen bittenden Augen so drin-

gend herüber, dass sie es willig geschehen ließ, als er sie schnell auf die roten heißen Lippen küsste. – Bravo, Bravo! riefen mehrere Herren, ein mutwilliges aber argloses Lachen erschallte um den Tisch. – Florio stürzte hastig und verwirrt sein Glas hinunter, die schöne Geküsste schauete hochrot in den Schoß und sah so unter dem vollen Blumenkranze unbeschreiblich reizend aus.
So hatte ein jeder der Glücklichen sein Liebchen in dem Kreise sich heiter erkoren. Nur Fortunato allein gehörte allen, oder keiner an und erschien fast einsam in dieser anmutigen Verwirrung. Er war ausgelassen, lustig und mancher hätte ihn wohl übermütig genannt, wie er so wild wechselnd in Witz, Ernst und Scherz sich ganz und gar losließ, hätte er dabei nicht wieder mit so fromm-klaren Augen beinah wunderbar dreingeschaut. Florio hatte sich fest vorgenommen, ihm über Tische einmal so recht seine Liebe und Ehrfurcht, die er längst für ihn hegte, zu sagen. Aber es wollte heute nicht gelingen, alle leisen Versuche glitten an der spröden Lustigkeit des Sängers ab. Er konnte ihn gar nicht begreifen. –
Draußen war indem die Gegend schon stiller geworden und feierlich, einzelne Sterne traten zwischen den Wipfeln der dunkelnden Bäume hervor, der Fluss rauschte stärker durch die erquickende Kühle. Da war auch zuletzt an Fortunato die Reihe zu singen gekommen. Er sprang rasch auf, griff in seine Gitarre und sang:

> Was klingt mir so heiter
> Durch Busen und Sinn?
> Zu Wolken und weiter
> Wo trägt es mich hin?
>
> Wie auf Bergen hoch bin ich
> So einsam gestellt
> Und grüße herzinnig,
> Was schön auf der Welt.
>
> Ja, Bachus[6], dich seh' ich,
> Wie göttlich bist du!
> Dein Glühen versteh' ich,
> Die träumende Ruh.

---

6 Eigentlich Bacchus, römischer Gott des Weines, der Trunkenheit.

O rosenbekränztes
Jünglingesbild,
Dein Auge, wie glänzt es,
Die Flammen so mild!

Ist's Liebe, ist's Andacht,
Was so dich beglückt?
Rings Frühling dich anlacht,
Du sinnest entzückt. –

Frau Venus[7], du Frohe,
So klingend und weich,
In Morgenrots Lohe
Erblick' ich dein Reich.

Auf sonnigen Hügeln
Wie ein Zauberring. –
Zart' Bübchen mit Flügeln
Bedienen dich flink,

Durchsäuseln die Räume
Und laden, was fein,
Als goldene Träume
Zur Königin ein.

Und Ritter und Frauen
Im grünen Revier
Durchschwärmen die Auen
Wie Blumen zur Zier.

Und jeglicher hegt sich
Sein Liebchen im Arm,
So wirrt und bewegt sich
Der selige Schwarm. –

Hier änderte er plötzlich Weise und Ton und fuhr fort:

---

7 Römische Göttin der (sinnlichen) Liebe.

Die Klänge verrinnen,
Es bleichet das Grün,
Die Frauen stehn sinnend,
Die Ritter schaun kühn.

Und himmlisches Sehnen
Geht singend durchs Blau,
Da schimmert von Tränen
Rings Garten und Au. –

Und mitten im Feste
Erblick' ich, wie mild!
Den Stillsten der Gäste[8]. –
Woher, einsam Bild?

Mit blühendem Mohne,
Der träumerisch glänzt,
Und Lilienkronen
Erscheint er bekränzt.

Sein Mund schwillt zum Küssen
So lieblich und bleich,
Als bräch t' er ein Grüßen
Aus himmlischem Reich.

Eine Fackel wohl trägt er,
Die wunderbar prangt.
»Wo ist Einer, frägt er,
Dem heimwärts verlangt?«

Und manchmal da drehet
Die Fackel er um –
Tiefschauernd vergehet
Die Welt und wird stumm.

Und was hier versunken
Als Blumen zum Spiel,

---

[8] Gemeint ist Thanatos, der griechische Todesgott.

Siehst oben du funkeln
Als Sterne nun kühl. –

O Jüngling vom Himmel,
Wie bist du so schön!
Ich lass das Gewimmel,
Mit dir will ich gehn!

Was will ich noch hoffen?
Hinauf, ach hinauf!
Der Himmel ist offen,
Nimm, Vater, mich auf!

Fortunato war still und alle die Übrigen auch, denn wirklich draußen waren nun die Klänge verronnen und die Musik, das Gewimmel und alle die gaukelnde Zauberei nach und nach verhallend untergegangen vor dem unermesslichen Sternenhimmel und dem gewaltigen Nachtgesange der Ströme und Wälder. Da trat ein hoher schlanker Ritter in reichem Geschmeide, das grünlichgoldene Scheine zwischen die im Winde flackernden Lichter warf, in das Zelt herein. Sein Blick aus tiefen Augenhöhlen war irre flammend, das Gesicht schön aber blass und wüst. Alle dachten bei seinem plötzlichen Erscheinen unwillkürlich schaudernd an den stillen Gast in Fortunato's Liede. – Er aber begab sich nach einer flüchtigen Verbeugung gegen die Gesellschaft zu dem Büfett des Zeltwirtes und schlürfte hastig dunkelroten Wein mit den bleichen feinen Lippen in langen Zügen hinunter.

Florio fuhr ordentlich zusammen, als der Seltsame sich darauf vor allen andern zu ihm wandte und ihn als einen früheren Bekannten in Lucca willkommen hieß. Erstaunt und nachsinnend betrachtete er ihn von oben bis unten, denn er wusste sich durchaus nicht zu erinnern, ihn jemals gesehen zu haben. Doch war der Ritter ausnehmend beredt und sprach viel über mancherlei Begebenheiten aus Florio's früheren Tagen. Auch war er so genau bekannt mit der Gegend seiner Heimat, dem Garten und jedem heimischen Platz, der Florio'n herzlich lieb war aus alter Zeit, dass sich derselbe bald mit der dunkeln Gestalt auszusöhnen anfing.

In die übrige Gesellschaft indes schien Donati, so nannte sich der

Ritter, nirgends hineinzupassen. Eine ängstliche Störung, deren
Grund sich niemand anzugeben wusste, wurde überall sichtbar.
Und da unterdes auch die Nacht nun völlig hereingekommen war,
so brachen bald alle auf.
Es begann nun ein wunderliches Gewimmel von Wagen, Pferden,
Dienern und hohen Windlichtern, die seltsame Scheine auf das
nahe Wasser, zwischen die Bäume und die schönen wirrenden Gestalten
umherwarfen. Donati erschien in der wilden Beleuchtung
noch viel bleicher und schauerlicher, als vorher. Das schöne Fräulein
mit dem Blumenkranze hatte ihn beständig mit heimlicher
Furcht von der Seite angesehen. Nun, da er gar auf sie loskam, um
ihr mit ritterlicher Artigkeit auf den Zelter zu helfen, drängte sie
sich scheu an den zurückstehenden Florio, der die Liebliche mit
klopfendem Herzen in den Sattel hob. Alles war unterdes reisefertig,
sie nickte ihm noch einmal von ihrem zierlichen Sitze freundlich
zu, und bald war die ganze schimmernde Erscheinung in der
Nacht verschwunden.
Es war Florio'n recht sonderbar zumute, als er sich plötzlich so
allein mit Donati und dem Sänger auf dem weiten, leeren Platze
befand. Seine Gitarre im Arm ging der Letztere am Ufer des Flusses
vor dem Zelte auf und nieder und schien auf neue Weisen zu sinnen,
während er einzelne Töne griff, die beschwichtigend über die
stille Wiese dahinzogen. Dann brach er plötzlich ab. Ein seltsamer
Missmut schien über seine sonst immer klaren Züge zu fliegen, er
verlangte ungeduldig fort.
Alle drei bestiegen daher nun auch ihre Pferde und zogen miteinander
der nahen Stadt zu. Fortunato sprach kein Wort unterwegs,
desto freundlicher ergoss sich Donati in wohlgesetzten zierlichen
Reden; Florio, noch im Nachklange der Lust, ritt still wie ein träumendes
Mädchen zwischen beiden.
Als sie ans Tor kamen, stellte sich Donati's Ross, das schon vorher
vor manchem Vorübergehenden gescheuet, plötzlich fast gerade in
die Höh und wollte nicht hinein. Ein funkelnder Zornesblitz fuhr,
fast verzerrend, über das Gesicht des Reiters und ein wilder, nur
halbausgesprochener Fluch aus den zuckenden Lippen, worüber
Florio nicht wenig erstaunte, da ihm solches Wesen zu der sonstigen
feinen und besonnenen Anständigkeit des Ritters ganz und
gar nicht zu passen schien. Doch fasste sich dieser bald wieder. Ich

wollte Euch bis in die Herberge begleiten, sagte er lächelnd und mit
der gewohnten Zierlichkeit, zu Florio gewendet, aber mein Pferd
will es anders, wie Ihr seht. Ich bewohne hier vor der Stadt ein
Landhaus, wo ich Euch recht bald bei mir zu sehen hoffe. – Und
hiermit verneigte er sich, und das Pferd, in unbegreiflicher Hast
und Angst kaum mehr zu halten, flog pfeilschnell mit ihm in die
Dunkelheit fort, dass der Wind hinter ihm dreinpfiff.

Gott sei Dank, rief Fortunato aus, dass ihn die Nacht wieder verschlungen hat! Kam er mir doch wahrhaftig vor, wie einer von den falben[9] ungestalten Nachtschmetterlingen, die, wie aus einem fantastischen Traume entflogen, durch die Dämmerung schwirren und mit ihrem langen Katzenbarte und grässlich großen Augen ordentlich ein Gesicht haben wollen. Florio, der sich mit Donati schon ziemlich befreundet hatte, äußerte seine Verwunderung über dieses harte Urteil. Aber der Sänger, durch solche erstaunliche Sanftmut nur immer mehr gereizt, schimpfte lustig fort und nannte den Ritter zu Florio's heimlichem Ärger, einen Mondscheinjäger, einen Schmachthahn[10], einen Renommisten in der Melancholie[11].

Unter solcherlei Gesprächen waren sie endlich bei der Herberge angelangt und jeder begab sich bald in das ihm angewiesene Gemach.

Florio warf sich angekleidet auf das Ruhebett hin, aber er konnte lange nicht schlafen. In seiner von den Bildern des Tages aufgeregten Seele wogte und hallte und sang es noch immer fort. Und wie die Türen im Hause nun immer seltner auf- und zugingen, nur manchmal noch eine Stimme erschallte, bis endlich Haus, Stadt und Feld in tiefe Stille versank: da war es ihm, als führe er mit schwanenweißen Segeln einsam auf einem mondbeglänzten Meer. Leise schlugen die Wellen an das Schiff, Sirenen[12] tauchten aus dem Wasser, die alle aussahen wie das schöne Mädchen mit dem Blumenkranze vom vorigen Abend. Sie sang so wunderbar, traurig und ohne Ende, als müsse er vor Wehmut untergehen. Das Schiff neigte sich unmerklich und langsam immer tiefer und tiefer – da wachte er erschrocken auf.

9 Fahles Gelb.
10 Von ›schmachten‹, sehnsüchtig sein.
11 Aufschneider, der mit seiner übertriebenen Schwermut angibt.
12 In Homers »Odyssee« dämonische Wesen, die durch ihren Gesang vorbeifahrende Schiffer anlocken, verzaubern und töten.

Er sprang von seinem Bett und öffnete das Fenster. Das Haus lag am Ausgange der Stadt, er übersah einen weiten stillen Kreis von Hügeln, Gärten und Tälern, vom Monde klar beschienen. Auch da draußen war es überall in den Bäumen und Strömen noch wie im Verhallen und Nachhallen der vergangenen Lust, als sänge die ganze Gegend leise, gleich den Sirenen, die er im Schlummer gehört. Da konnte er der Versuchung nicht widerstehen. Er ergriff die Gitarre, die Fortunato bei ihm zurückgelassen, verließ das Zimmer und ging leise durch das ruhige Haus hinab. Die Türe unten war nur angelehnt, ein Diener lag eingeschlafen auf der Schwelle. So kam er unbemerkt ins Freie und wandelte fröhlich zwischen Weingärten durch leere Alleen an schlummernden Hütten vorüber immer weiter fort.

Zwischen den Rebengeländern hinaus sah er den Fluss im Tale; viele weißglänzende Schlösser hin und wieder zerstreut, ruhten wie eingeschlafene Schwäne unten in dem Meer von Stille. Da sang er mit fröhlicher Stimme:

> Wie kühl schweift's sich bei nächt'ger Stunde,
> Die Zitter[13] treulich in der Hand!
> Vom Hügel grüß' ich in die Runde
> Den Himmel und das stille Land.
>
> Wie ist da alles so verwandelt,
> Wo ich so fröhlich war, im Tal,
> Im Wald wie still! der Mond nur wandelt
> Nun durch den hohen Buchensaal.
>
> Der Winzer Jauchzen ist verklungen
> Und all der bunte Lebenslauf,
> Die Ströme nur, im Tal geschlungen,
> Sie blicken manchmal silbern auf.
>
> Und Nachtigallen wie aus Träumen
> Erwachen oft mit süßem Schall,
> Erinnernd rühren sich die Bäume,
> Ein heimlich Flüstern überall. –

---

13 Eigentlich Zither; Saiteninstrument.

Die Freude kann nicht gleich verklingen,
Und von des Tages Glanz und Lust
Ist so auch mir ein heimlich Singen
Geblieben in der tiefsten Brust.

5 Und fröhlich greif' ich in die Saiten,
O Mädchen, jenseits überm Fluss,
Du lauschest wohl und hörst's von weitem
Und kennst den Sänger an dem Gruß!

Er musste über sich selber lachen, da er am Ende nicht wusste,
10 wem er das Ständchen brachte. Denn die reizende Kleine mit dem
Blumenkranze war es lange nicht mehr, die er eigentlich meinte.
Die Musik bei den Zelten, der Traum auf seinem Zimmer, und sein,
die Klänge und den Traum und die zierliche Erscheinung des Mädchens, nachträumendes Herz hatte ihr Bild unmerklich und wun-
15 dersam verwandelt in ein viel schöneres, größeres und herrliches,
wie er es noch nirgend gesehen.
So in Gedanken schritt er noch lange fort, als er unerwartet bei
einem großen, von hohen Bäumen rings umgebenen Weiher an-
langte. Der Mond, der eben über die Wipfel trat, beleuchtete scharf
20 ein marmornes Venusbild, das dort dicht am Ufer auf einem Steine stand, als wäre die Göttin soeben erst aus den Wellen aufge-
taucht und betrachte nun, selber verzaubert, das Bild der eigenen
Schönheit, das der trunkene Wasserspiegel zwischen den leise aus
dem Grunde aufblühenden Sternen widerstrahlte. Einige Schwäne
25 beschrieben still ihre einförmigen Kreise um das Bild, ein leises
Rauschen ging durch die Bäume rings umher.
Florio stand wie eingewurzelt im Schauen, denn ihm kam jenes
Bild wie eine lang gesuchte, nun plötzlich erkannte Geliebte vor,
wie eine Wunderblume, aus der Frühlingsdämmerung und träu-
30 merischen Stille seiner frühesten Jugend heraufgewachsen. Je länger er hinsah, je mehr schien es ihm, als schlüge es die seelenvollen Augen langsam auf, als wollten sich die Lippen bewegen zum
Gruße, als blühe Leben wie ein lieblicher Gesang erwärmend durch
die schönen Glieder herauf. Er hielt die Augen lange geschlossen
35 vor Blendung, Wehmut und Entzücken. –
Als er wieder aufblickte, schien auf einmal alles wie verwandelt.

Der Mond sah seltsam zwischen Wolken hervor, ein stärkerer Wind kräuselte den Weiher in trübe Wellen, das Venusbild, so fürchterlich weiß und regungslos, sah ihn fast schreckhaft mit steinernen Augenhöhlen aus der grenzenlosen Stille an. Ein nie gefühltes Grausen überfiel da den Jüngling. Er verließ schnell den Ort, und immer schneller und ohne auszuruhen, eilte er durch die Gärten und Weinberge wieder fort der ruhigen Stadt zu; denn auch das Rauschen der Bäume kam ihm nun wie ein verständiges vernehmliches Geflüster vor, und die langen gespenstischen Pappeln schienen mit ihren weitgestreckten Schatten hinter ihm dreinzulangen.

So kam er sichtbar verstört an der Herberge an. Da lag der Schlafende noch auf der Schwelle und fuhr erschrocken auf, als Florio an ihm vorüberstreifte. Florio aber schlug schnell die Türe hinter sich zu und atmete erst tief auf, als er oben sein Zimmer betrat. – Hier ging er noch lange auf und nieder, ehe er sich beruhigte. Dann warf er sich aufs Bett und schlummerte endlich unter den seltsamsten Träumen ein.

―――

Am folgenden Morgen saßen Florio und Fortunato unter den hohen von der Morgensonne durchfunkelten Bäumen vor der Herberge miteinander beim Frühstück. Florio sah blässer als gewöhnlich und angenehm überwacht aus. – Der Morgen, sagte Fortunato lustig, ist ein recht kerngesunder, wildschöner Gesell, wie er so von den höchsten Bergen in die schlafende Welt hinunterjauchzt und von den Blumen und Bäumen die Tränen schüttelt und wogt und lärmt und singt. Der macht eben nicht sonderlich viel aus den sanften Empfindungen, sondern greift kühl an alle Glieder und lacht einem ins lange Gesicht, wenn man so presshaft[14] und noch ganz wie in Mondschein getaucht, vor ihn hinaustritt. – Florio schämte sich nun, dem Sänger, wie er sich anfangs vorgenommen, etwas von dem schönen Venusbilde zu sagen, und schwieg betreten still. Sein Spaziergang in der Nacht war aber von dem Diener an der Haustür bemerkt und wahrscheinlich verraten worden, und Fortunato fuhr lachend fort: Nun, wenn Ihr's nicht glaubt, versucht es nur einmal, stellt Euch jetzt hierher und sagt zum Exempel: »O schöne, holde Seele, o Mondschein, du Blü-

―――

14 Mit Gebrechen behaftet.

15

tenstaub zärtlicher Herzen usw.«, ob das nicht recht zum Lachen wäre! Und doch, wette ich, habt Ihr diese Nacht dergleichen oft gesagt und gewiss ordentlich ernsthaft dabei ausgesehen. –

Florio hatte sich Fortunato'n ehedem immer so still und sanftmütig vorgestellt, nun verwundete ihn recht innerlichst die kecke Lustigkeit des geliebten Sängers. Er sagte hastig, und die Tränen traten ihm dabei in die seelenvollen Augen: Ihr sprecht da sicherlich anders, als Euch selber zu Mute ist, und das solltet Ihr nimmermehr tun. Aber ich lasse mich von Euch nicht irremachen, es gibt noch sanfte und hohe Empfindungen, die wohl schamhaft sind, aber sich nicht schämen brauchen, und ein stilles Glück, das sich vor dem lauten Tage verschließt und nur dem Sternenhimmel den heiligen Kelch öffnet wie eine Blume, in der ein Engel wohnt. Fortunato sah den Jüngling verwundert an, dann rief er aus: Nun wahrhaftig, Ihr seid recht ordentlich verliebt!

Man hatte unterdes Fortunato'n, der spazieren reiten wollte, sein Pferd vorgeführt. Freundlich streichelte er den gebogenen Hals des zierlich aufgeputzten Rössleins, das mit fröhlicher Ungeduld den Rasen stampfte. Dann wandte er sich noch einmal zu Florio und reichte ihm gutmütig lächelnd die Hand. Ihr tut mir doch leid, sagte er, es gibt gar zu viele sanfte, gute, besonders verliebte junge Leute, die ordentlich recht versessen sind aufs Unglücklichsein. Lasst das, die Melancholie, den Mondschein und all den Plunder; und geht's auch manchmal wirklich schlimm, nur frisch heraus in Gottes freien Morgen und da draußen sich recht abgeschüttelt; im Gebet aus Herzensgrund – und es müsste wahrlich mit dem Bösen zugehen, wenn Ihr nicht so recht durch und durch fröhlich und stark werdet! – Und hiermit schwang er sich schnell auf sein Pferd und ritt zwischen den Weinbergen und blühenden Gärten in das farbige, schallende Land hinein, selber so bunt und freudig anzuschauen wie der Morgen vor ihm.

Florio sah ihm lange nach, bis die Glanzeswogen über dem fernen Reiter zusammenschlugen. Dann ging er hastig unter den Bäumen auf und nieder. Ein tiefes, unbestimmtes Verlangen war von den Erscheinungen der Nacht in seiner Seele zurück geblieben. Dagegen hatte ihn Fortunato durch seine Reden seltsam verstört und verwirrt. Er wusste nun selbst nicht mehr, was er wollte, gleich einem Nachtwandler, der plötzlich bei seinem Namen gerufen

wird. Sinnend blieb er oftmals vor der wunderreichen Aussicht in
das Land hinab stehen, als wollte er das freudigkräftige Walten da
draußen um Auskunft fragen. Aber der Morgen spielte nur einzelne Zauberlichter wie durch die Bäume über ihm in sein träumerisch funkelndes Herz hinein, das noch in anderer Macht stand.
Denn drinnen zogen die Sterne noch immerfort ihre magischen
Kreise, zwischen denen das wunderschöne Marmorbild mit neuer,
unwiderstehlicher Gewalt heraufsah. – So beschloss er denn endlich, den Weiher wieder aufzusuchen, und schlug rasch denselben
Pfad ein, den er in der Nacht gewandelt.
Wie sah aber dort nun alles so anders aus! Fröhliche Menschen
durchirrten geschäftig die Weinberge, Gärten und Alleen, Kinder
spielten ruhig auf dem sonnigen Rasen vor den Hütten, die ihn in
der Nacht unter den traumhaften Bäumen oft gleich eingeschla-
fenen Sphinxen[15] erschreckt hatten, der Mond stand fern und
verblasste am klaren Himmel, unzählige Vögel sangen lustig im
Walde durcheinander. Er konnte gar nicht begreifen, wie ihn damals hier so seltsame Furcht überfallen konnte.
Bald bemerkte er indes, dass er in Gedanken den rechten Weg ver-
fehlt. Er betrachtete aufmerksam alle Plätze und ging zweifelhaft
bald zurück, bald wieder vorwärts; aber vergeblich, je emsiger er
suchte, je unbekannter und ganz anders kam ihm alles vor.
Lange war er so umhergeirrt. Die Vögel schwiegen schon, der Kreis
der Hügel wurde nach und nach immer stiller, die Strahlen der
Mittagssonne schillerten segnend über der ganzen Gegend draußen, die wie unter einem Schleier von Schwüle zu schlummern
und zu träumen schien. Da kam er unerwartet an ein Tor von Ei-
sengittern, zwischen dessen zierlich vergoldeten Stäben hindurch
man in einen weiten prächtigen Lustgarten hineinsehen konnte.
Ein Strom von Kühle und Duft wehte den Ermüdeten erquickend
daraus an. Das Tor war nicht verschlossen, er öffnete es leise und
trat hinein.
Hohe Buchenhallen empfingen ihn da mit ihren feierlichen Schatten, zwischen denen goldene Vögel wie abgewehte Blüten hin und
wieder flatterten, während große seltsame Blumen, wie sie Florio
niemals gesehen, traumhaft mit ihren gelben und roten Glocken

---

15 Dämonisches Wesen aus der griechischen Mythologie, halb Mensch, halb
Löwe, das jeden tötet, der das Rätsel nicht lösen kann, das es ihm aufgibt.

in dem leisen Winde hin und her schwankten. Unzählige Springbrunnen plätscherten, mit vergoldeten Kugeln spielend, einförmig in der großen Einsamkeit. Zwischen den Bäumen hindurch sah man in der Ferne einen prächtigen Palast mit hohen schlanken Säulen hereinschimmern. Kein Mensch war ringsum zu sehen, tiefe Stille herrschte überall. Nur hin und wieder erwachte manchmal eine Nachtigall und sang wie im Schlummer, fast schluchzend. Florio betrachtete verwundert Bäume, Brunnen und Blumen, denn es war ihm, als sei das alles lange versunken, und über ihm ginge der Strom der Tage mit leichten, klaren Wellen, und unten läge nur der Garten gebunden und verzaubert und träumte von dem vergangnen Leben.

Er war noch nicht weit vorgedrungen, als er Lautenklänge vernahm, bald stärker, bald wieder in dem Rauschen der Springbrunnen leise verhallend. Lauschend blieb er stehn, die Töne kamen immer näher und näher, da trat plötzlich in dem stillen Bogengange eine hohe schlanke Dame von wundersamer Schönheit zwischen den grünen Bäumen hervor, langsam wandelnd und ohne aufzublicken. Sie trug eine prächtige mit goldnem Bildwerk gezierte Laute im Arm, auf der sie, wie in tiefe Gedanken versunken, einzelne Akkorde griff. Ihr langes goldenes Haar fiel in reichen Locken über die fast blassen, blendendweißen Achseln bis in den Rücken hinab, die langen weiten Ärmel, wie vom Blütenschnee gewogen, wurden von zierlichen goldnen Spangen gehalten, den schönen Leib umschloss ein himmelblaues Gewand, ringsum an den Enden mit buntglühenden, wunderbar ineinander verschlungenen Blumen gestickt. Ein heller Sonnenblick durch eine Öffnung des Bogenganges schweifte soeben scharfbeleuchtend über die blühende Gestalt. Florio fuhr innerlichst zusammen – es waren unverkennbar die Züge, die Gestalt des schönen Venusbildes, das er heute Nacht am Weiher gesehen. – Sie aber sang, ohne den Fremden zu bemerken:

Was weckst du, Frühling, mich von neuem wieder?
Dass all' die alten Wünsche auferstehen,
Geht übers Land ein wunderbares Wehen.
Das schauert mir so lieblich durch die Glieder.
Die schöne Mutter grüßen tausend Lieder,

Die, wieder jung, im Brautkranz süß zu sehen.
Der Wald will sprechen, rauschend Ströme gehen,
Najaden[16] tauchen singend auf und nieder.
Die Rose seh' ich gehn aus grüner Klause
Und, wie so buhlerisch die Lüfte fächeln,
Errötend in die laue Flut sich dehnen.
So mich auch ruft ihr aus dem stillen Hause –
Und schmerzlich nun muss ich im Frühling lächeln,
Versinkend zwischen Duft und Klang vor Sehnen.

So singend wandelte sie fort, bald in dem Grünen verschwindend, bald wieder erscheinend, immer ferner und ferner, bis sie sich endlich in der Gegend des Palastes ganz verlor. Nun war es auf einmal wieder stille, nur die Bäume und die Wasserkünste rauschten wie vorher. Florio stand in blühende Träume versunken, es war ihm, als hätte er die schöne Lautenspielerin schon lange gekannt und nur in der Zerstreuung seines Lebens wieder vergessen und verloren, als ginge sie nun vor Wehmut zwischen dem Quellenrauschen unter und riefe ihn unaufhörlich, ihr zu folgen. – Tiefbewegt eilte er weiter in den Garten hinein auf die Gegend zu, wo sie verschwunden war. Da kam er unter uralten Bäumen an ein verfallenes Mauerwerk, an dem noch hin und wieder schöne Bildereien halb kenntlich waren. Unter der Mauer auf zerschlagenen Marmorsteinen und Säulenknäufen, zwischen denen hohes Gras und Blumen üppig hervorschossen, lag ein schlafender Mann ausgestreckt. Erstaunt erkannte Florio den Ritter Donati. Aber seine Mienen schienen im Schlafe sonderbar verändert, er sah fast wie ein Toter aus. Ein heimlicher Schauer überfiel Florio'n bei diesem Anblick. Er rüttelte den Schlafenden heftig. Donati schlug langsam die Augen auf und sein erster Blick war so fremd, stier und wild, dass sich Florio ordentlich vor ihm entsetzte. Dabei murmelte er noch zwischen Schlaf und Wachen einige dunkele Worte, die Florio nicht verstand. Als er sich endlich völlig ermuntert hatte, sprang er rasch auf und sah Florio, wie es schien, mit großem Erstaunen an. Wo bin ich? rief dieser hastig, wer ist die edle Herrin, die in diesem schönen Garten

---

16 In der griechischen Mythologie weibliche Gottheiten der Quellen und Seen.

wohnt? – Wie seid Ihr, frug dagegen Donati sehr ernst, in diesen Garten gekommen? Florio erzählte kurz den Hergang, worüber der Ritter in ein tiefes Nachdenken versank. Der Jüngling wiederholte darauf dringend seine vorigen Fragen, und Donati sagte zerstreut: Die Dame ist eine Verwandte von mir, reich und gewaltig, ihr Besitztum ist weit im Lande verbreitet – Ihr findet sie bald da, bald dort – auch in der Stadt Lucca ist sie zuweilen. – Florio fielen diese flüchtig hingeworfenen Worte seltsam aufs Herz, denn es wurde ihm nun immer deutlicher, was ihm vorher nur vorübergehend angeflogen, nämlich, dass er die Dame schon einmal in früherer Jugend irgendwo gesehen, doch konnte er sich durchaus nicht klar besinnen.

Sie waren unterdes rasch fortgehend unvermerkt an das vergoldete Gittertor des Gartens gekommen. Es war nicht dasselbe, durch welches Florio vorhin eingetreten. Verwundert sah er sich in der unbekannten Gegend um, weit über die Felder lagen die Türme der Stadt im heitern Sonnenglanze. Am Gitter stand Donati's Pferd angebunden und scharrte schnaubend den Boden.

Schüchtern äußerte nun Florio den Wunsch, die schöne Herrin des Gartens künftig einmal wieder zu sehen. Donati, der bis dahin noch immer in sich versunken war, schien sich erst hier plötzlich zu besinnen. Die Dame, sagte er mit der gewohnten umsichtigen Höflichkeit, wird sich freuen, Euch kennenzulernen. Heute jedoch würden wir sie stören, und auch mich rufen dringende Geschäfte nach Hause. Vielleicht kann ich Euch morgen abholen. – Und hierauf nahm er in wohlgesetzten Reden Abschied von dem Jüngling, bestieg sein Ross und war bald zwischen den Hügeln verschwunden.

Florio sah ihm lange nach, dann eilte er wie ein Trunkener der Stadt zu. Dort hielt die Schwüle noch alle lebendigen Wesen in den Häusern, hinter den dunkelkühlen Jalousien. Alle Gassen und Plätze waren so leer, Fortunato auch noch nicht zurückgekehrt. Dem Glücklichen wurde es hier zu enge, in trauriger Einsamkeit. Er bestieg schnell sein Pferd und ritt noch einmal ins Freie hinaus.

Morgen, morgen! schallte es in einem fort durch seine Seele. Ihm war so unbeschreiblich wohl. Das schöne Marmorbild war ja lebendig geworden und von seinem Steine in den Frühling hinunterge-

20

stiegen, der stille Weiher plötzlich verwandelt zur unermesslichen Landschaft, die Sterne darin zu Blumen und der ganze Frühling ein Bild der Schönen. – Und so durchstreifte er lange die schönen Täler um Lucca, den prächtigen Landhäusern, Kaskaden und Grotten wechselnd vorüber, bis die Wellen des Abendrots über dem Fröhlichen zusammenschlugen.

Die Sterne standen schon klar am Himmel, als er langsam durch die stillen Gassen nach seiner Herberge zog. Auf einem der einsamen Plätze stand ein großes schönes Haus vom Monde hell erleuchtet. Ein Fenster war oben geöffnet, an dem er zwischen künstlich gezogenen Blumen hindurch zwei weibliche Gestalten bemerkte, die in ein lebhaftes Gespräch vertieft schienen. Mit Verwunderung hörte er mehrere Mal deutlich seinen Namen nennen. Auch glaubte er in den einzelnen abgerissnen Worten, die die Luft herüberwehte, die Stimme der wunderbaren Sängerin wiederzuerkennen. Doch konnte er vor den im Mondesglanz zitternden Blättern und Blüten nichts genau unterscheiden. Er hielt an, um mehr zu vernehmen. Da bemerkten ihn die beiden Damen, und es wurde auf einmal stille droben.

Unbefriedigt ritt Florio weiter, aber wie er soeben um die Straßenecke bog, sah er, dass sich die eine von den Damen noch einmal ihm nachblickend zwischen den Blumen hinauslehnte und dann schnell das Fenster schloss.

———

Am folgenden Morgen, als Florio soeben seine Traumblüten abgeschüttelt und vergnügt aus dem Fenster über die in der Morgensonne funkelnden Türme und Kuppeln der Stadt hinaussah, trat unerwartet der Ritter Donati in das Zimmer. Er war ganz schwarz gekleidet und sah heute ungewöhnlich verstört, hastig und beinah wild aus. Florio erschrak ordentlich vor Freude, als er ihn erblickte, denn er gedachte sogleich der schönen Frau. Kann ich sie sehen? rief er ihm schnell entgegen. Donati schüttelte verneinend mit dem Kopfe und sagte, traurig vor sich auf den Boden hinsehend: Heute ist Sonntag. – Dann fuhr er rasch fort, sich sogleich wieder ermannend: Aber zur Jagd wollt' ich Euch abholen. Zur Jagd? – erwiderte Florio höchst verwundert, heute am heiligen Tage? – Nun wahrhaftig, fiel ihm der Ritter mit einem ingrimmigen, abscheulichen Lachen ins Wort, Ihr wollt doch nicht etwa mit der Buh-

21

lerin[17] unterm Arm zur Kirche wandern und im Winkel auf dem Fußschemel knien und andächtig Gotthelf sagen, wenn die Frau Base niest. – Ich weiß nicht, wie Ihr das meint, sagte Florio, und Ihr mögt immer über mich lachen, aber ich könnte heut nicht jagen. Wie da draußen alle Arbeit rastet, und Wälder und Felder so geschmückt aussehen zu Gottes Ehre, als zögen Engel durch das Himmelblau über sie hinweg – so still; so feierlich und gnadenreich ist diese Zeit! – Donati stand in Gedanken am Fenster, und Florio glaubte zu bemerken, dass er heimlich schauerte, wie er so in die Sonntagsstille der Felder hinaussah.

Unterdes hatte sich Glockenklang von den Türmen der Stadt erhoben und ging wie ein Beten durch die klare Luft. Da schien Donati erschrocken, er griff nach seinem Hute und drang beinah ängstlich in Florio, ihn zu begleiten, der es aber beharrlich verweigerte. Fort, hinaus! – rief endlich der Ritter halblaut und wie aus tiefster, geklemmter Brust herauf, drückte dem erstaunten Jüngling die Hand, und stürzte aus dem Hause fort.

Florio'n wurde recht heimatlich zu Mute, als darauf der frische klare Sänger Fortunato, wie ein Bote des Friedens, zu ihm ins Zimmer trat. Er brachte eine Einladung auf morgen Abend nach einem Landhause vor der Stadt. Macht Euch nur gefasst, setzte er hinzu, Ihr werdet dort eine alte Bekannte treffen! Florio erschrak ordentlich und fragte hastig: Wen? Aber Fortunato lehnte lustig alle Erklärungen ab und entfernte sich bald. Sollte es die schöne Sängerin sein – dachte Florio still bei sich, und sein Herz schlug heftig.

Er begab sich dann in die Kirche, aber er konnte nicht beten, er war zu fröhlich zerstreut. Müßig schlenderte er durch die Gassen. Da sah alles so rein und festlich aus, schöngeputzte Herren und Damen zogen fröhlich und schimmernd nach den Kirchen. Aber, ach! die Schönste war nicht unter ihnen! – Ihm fiel dabei sein Abenteuer beim gestrigen Heimzuge ein. Er suchte die Gasse auf und fand bald das große schöne Haus wieder; aber sonderbar! die Türe war geschlossen, alle Fenster fest zu, es schien niemand darin zu wohnen.

Vergeblich schweifte er den ganzen folgenden Tag in der Gegend umher, um nähere Auskunft über seine unbekannte Geliebte zu erhalten, oder sie, wo möglich, gar wiederzusehen. Ihr Palast, so wie

---

17 Geliebte.

der Garten, den er in jener Mittagsstunde zufällig gefunden, war wie versunken, auch Donati ließ sich nicht erblicken. Ungeduldig schlug daher sein Herz vor Freude und Erwartung, als er endlich am Abend der Einladung zufolge mit Fortunato, der fortwährend den Geheimnisvollen spielte, zum Tore hinaus dem Landhause zuritt.

Es war schon völlig dunkel, als sie draußen ankamen. Mitten in einem Garten, wie es schien, lag eine zierliche Villa mit schlanken Säulen, über denen sich von der Zinne ein zweiter Garten von Orangen und vielerlei Blumen duftig erhob. Große Kastanienbäume standen umher und streckten kühn und seltsam beleuchtet ihre Riesenarme zwischen den aus den Fenstern dringenden Scheinen in die Nacht hinaus. Der Herr vom Hause, ein feiner fröhlicher Mann von mittleren Jahren, den aber Florio früher jemals gesehen zu haben, sich nicht erinnerte, empfing den Sänger und seinen Freund herzlich an der Schwelle des Hauses und führte sie die breiten Stufen hinan in den Saal.

Eine fröhliche Tanzmusik scholl ihnen dort entgegen, eine große Gesellschaft bewegte sich bunt und zierlich durcheinander im Glanze unzähliger Lichter, die gleich Sternenkreisen, in kristallenen Leuchtern über dem lustigen Schwarme schwebten. Einige tanzten, andere ergötzten sich in lebhaftem Gespräch, viele waren maskiert und gaben unwillkürlich durch ihre wunderliche Erscheinung dem anmutigen Spiele oft plötzlich eine tiefe fast schauerliche Bedeutung.

Florio stand noch still geblendet, selbst wie ein anmutiges Bild, zwischen den schönen schweifenden Bildern. Da trat ein zierliches Mädchen an ihn heran, in griechischem Gewande leicht geschürzt, die schönen Haare in künstliche Kränze geflochten. Eine Larve verbarg ihr halbes Gesicht und ließ die untere Hälfte nun desto rosiger und reizender sehen. Sie verneigte sich flüchtig, überreichte ihm eine Rose und war schnell wieder in dem Schwarme verloren.

In demselben Augenblick bemerkte er auch, dass der Herr vom Hause dicht bei ihm stand, ihn prüfend ansah, aber schnell wegblickte, als Florio sich umwandte. –

Verwundert durchstrich nun der Letztere die rauschende Menge. Was er heimlich gehofft, fand er nirgends, und er machte sich beinah Vorwürfe, dem fröhlichen Fortunato so leichtsinnig auf dieses Meer von Lust gefolgt zu sein, das ihn nun immer weiter von jener einsamen hohen Gestalt zu verschlagen schien. Sorglos umspülten indes die losen Wellen, schmeichlerisch neckend, den Gedankenvollen und tauschten ihm unmerklich die Gedanken aus. Wohl kommt die Tanzmusik, wenn sie auch nicht unser Innerstes erschüttert und umkehrt, recht wie ein Frühling leise und gewaltig über uns, die Töne tasten zauberisch wie die ersten Sommerblicke nach der Tiefe und wecken alle die Lieder, die unten gebunden schliefen, und die Quellen und Blumen und uralte Erinnerungen und das ganze eingefrorne, schwere, stockende Leben wird ein leichter klarer Strom, auf dem das Herz mit rauschenden Wimpeln den lange aufgegebenen Wünschen fröhlich wieder zufährt. So hatte die allgemeine Lust auch Florio'n gar bald angesteckt, ihm war recht leicht zu Mute, als müssten sich alle Rätsel, die so schwül auf ihm lasteten, lösen.

Neugierig suchte er nun die niedliche Griechin wieder auf. Er fand sie in einem lebhaften Gespräch mit andern Masken, aber er bemerkte wohl, dass auch ihre Augen mitten im Gespräch suchend abseits schweiften und ihn schon von Ferne wahrgenommen hatten. Er forderte sie zum Tanze. Sie verneigte sich freundlich, aber ihre bewegliche Lebhaftigkeit schien wie gebrochen, als er ihre Hand berührte und festhielt. Sie folgte ihm still und mit gesenktem Köpfchen, man wusste nicht, ob schelmisch, oder traurig. Die Musik begann, und er konnte keinen Blick verwenden von der reizenden Gauklerin[18], die ihn gleich den Zaubergestalten auf den alten fabelhaften Schildereien umschwebte. »Du kennst mich«, flüsterte sie kaum hörbar ihm zu, als sich einmal im Tanze ihre Lippen flüchtig beinah berührten.

Der Tanz war endlich aus, die Musik hielt plötzlich inne; da glaubte Florio seine schöne Tänzerin am anderen Ende des Saales noch einmal wieder zu sehen. Es war dieselbe Tracht, dieselben Farben des Gewandes, derselbe Haarschmuck. Das schöne Bild schien unverwandt auf ihn herzusehen und stand fortwährend still im Schwarme der nun überall zerstreuten Tänzer, wie ein heiteres Gestirn zwischen dem leichten fliegenden Gewölk bald untergeht, bald lieblich wieder erscheint. Die zierliche Griechin schien die Er-

---

[18] Zauberin.

scheinung nicht zu bemerken, oder doch nicht zu beachten, sondern verließ, ohne ein Wort zu sagen, mit einem leisen flüchtigen Händedruck eilig ihren Tänzer.
Der Saal war unterdes ziemlich leer geworden. Alles schwärmte in den Garten hinab, um sich in der lauen Luft zu ergehen, auch jenes seltsame Doppelbild war verschwunden. Florio folgte dem Zuge und schlenderte gedankenvoll durch die hohen Bogengänge. Die vielen Lichter warfen einen zauberischen Schein zwischen das zitternde Laub. Die hin- und herschweifenden Masken mit ihren veränderten grellen Stimmen und wunderbarem Aufzuge nahmen sich hier in der ungewissen Beleuchtung noch viel seltsamer und fast gespenstisch aus.
Er war eben, unwillkürlich einen einsamen Pfad einschlagend, ein wenig von der Gesellschaft abgekommen, als er eine liebliche Stimme zwischen den Gebüschen singen hörte:

> Über die beglänzten Gipfel
> Fernher kommt es wie ein Grüßen,
> Flüsternd neigen sich die Wipfel
> Als ob sie sich wollten küssen.
>
> Ist er doch so schön und milde!
> Stimmen gehen durch die Nacht,
> Singen heimlich von dem Bilde –
> Ach, ich bin so froh verwacht[19]!
>
> Plaudert nicht so laut, ihr Quellen!
> Wissen darf es nicht der Morgen!
> In der Mondnacht linde Wellen,
> Senk' ich stille Glück und Sorgen. –

Florio folgte dem Gesang und kam auf einen offnen runden Rasenplatz, in dessen Mitte ein Springbrunnen lustig mit den Funken des Mondlichts spielte. Die Griechin saß, wie eine schöne Najade, auf dem steinernen Becken. Sie hatte die Larve abgenommen und spielte gedankenvoll mit einer Rose in dem schimmernden Wasserspiegel. Schmeichlerisch schweifte der Mondschein über den

---

19 Übernächtigt.

blendendweißen Nacken auf und nieder, ihr Gesicht konnte er nicht sehen, denn sie hatte ihm den Rücken zugekehrt. – Als sie die Zweige hinter sich rauschen hörte, sprang das schöne Bildchen rasch auf, steckte die Larve vor und floh, schnell wie ein aufgescheuchtes Reh, wieder zur Gesellschaft zurück.

Florio mischte sich nun auch wieder in die bunten Reihen der Spaziergehenden. Manch zierliches Liebeswort schallte da leise durch die laue Luft, der Mondschein hatte mit seinen unsichtbaren Fäden alle die Bilder wie in ein goldnes Liebesnetz verstrickt, in das nur die Masken mit ihren ungeselligen Parodien manche komische Lücke rissen. Besonders hatte Fortunato sich diesen Abend mehrere Mal verkleidet und trieb fortwährend seltsam wechselnd sinnreichen Spuk, immer neu und unerkannt, und oft sich selbst überraschend durch die Kühnheit und tiefe Bedeutsamkeit seines Spieles, sodass er manchmal plötzlich still wurde vor Wehmut, wenn die anderen sich halb tot lachen wollten. –

Die schöne Griechin ließ sich indes nirgends sehen, sie schien es absichtlich zu vermeiden, dem Florio wieder zu begegnen.

Dagegen hatte ihn der Herr vom Hause recht in Beschlag genommen. Künstlich und weit ausholend befragte ihn derselbe weitläufig um sein früheres Leben, seine Reisen und seinen künftigen Lebensplan. Florio konnte dabei gar nicht vertraulich werden, denn Pietro, so hieß jener, sah fortwährend so beobachtend aus, als läge hinter alle den feinen Redensarten irgendein besonderer Anschlag auf der Lauer. Vergebens sann er hin und her, dem Grunde dieser zudringlichen Neugier auf die Spur zu kommen.

Er hatte sich soeben wieder von ihm losgemacht, als er, um den Ausgang einer Allee herumbeugend, mehreren Masken begegnete, unter denen er unerwartet die Griechin wieder erblickte. Die Masken sprachen viel und seltsam durcheinander, die eine Stimme schien ihm bekannt, doch konnte er sich nicht deutlich besinnen. Bald darauf verlor sich eine Gestalt nach der andern, bis er sich am Ende, eh' er sich dessen recht versah, allein mit dem Mädchen befand. Sie blieb zögernd stehen und sah ihn einige Augenblicke schweigend an. Die Larve war fort, aber ein kurzer blütenweißer Schleier, mit allerlei wunderlichen goldgestickten Figuren verziert, verdeckte das Gesichtchen. Er wunderte sich, dass die Scheue nun so allein bei ihm aushielt.

bekommt vom Mädchen eine Einladung auf ihr Schloss

Ihr habt mich in meinem Gesange belauscht, sagte sie endlich freundlich. Es waren die ersten lauten Worte, die er von ihr vernahm. Der melodische Klang ihrer Stimme drang ihm durch die Seele, es war als rührte sie erinnernd an alles Liebe, Schöne und Fröhliche, was er im Leben erfahren. Er entschuldigte seine Kühnheit, und sprach verwirrt von der Einsamkeit, die ihn verlockt, seiner Zerstreuung, dem Rauschen der Wasserkunst. – Einige Stimmen näherten sich währenddes dem Platze. Das Mädchen blickte scheu um sich und ging rasch tiefer in die Nacht hinein. Sie schien es gern zu sehen, dass Florio ihr folgte.

F folgt dem Mädchen

Kühn und vertraulicher bat er sie nun, sich nicht länger zu verbergen, oder doch ihren Namen zu sagen, damit ihre liebliche Erscheinung unter den tausend verwirrenden Bildern des Tages ihm nicht wieder verloren ginge. Lasst das, erwiderte sie träumerisch, nehmet die Blumen des Lebens fröhlich wie sie der Augenblick gibt, und forscht nicht nach den Wurzeln im Grunde, denn unten ist es freudlos und still. Florio sah sie erstaunt an, er begriff nicht, wie solche rätselhafte Worte in den Mund des heitern Mädchens kamen. Das Mondlicht fiel eben wechselnd zwischen den Bäumen auf ihre Gestalt. Da kam es ihm auch vor, als sei sie nun größer, schlanker und edler, als vorhin beim Tanze und am Springbrunnen.

Sie waren indes bis an den Ausgang des Gartens gekommen. Keine Lampe brannte mehr hier, nur manchmal hörte man noch eine Stimme in der Ferne verhallend. Draußen ruhte der weite Kreis der Gegend still und feierlich im prächtigen Mondschein. Auf einer Wiese, die vor ihnen lag, bemerkte Florio mehrere Pferde und Menschen, in dem Dämmerlichte halbkenntlich durcheinander wirrend.

Hier blieb seine Begleiterin plötzlich stehen. »Es wird mich freuen«, sagte sie, »Euch einmal in meinem Hause zu sehen. Unser Freund wird Euch hingeleiten. – Lebt wohl!« – Bei diesen Worten schlug sie den Schleier zurück, und Florio fuhr erschrocken zusammen. – Es war die wunderbare Schöne, deren Gesang er in jenem mittagschwülen Garten belauscht. – Aber ihr Gesicht, das der Mond hell beschien, kam ihm bleich und regungslos vor, fast wie damals das Marmorbild am Weiher.

lädt ihn zu sich ein

Er sah nun, wie sie über die Wiese dahinging, von mehreren reichgeschmückten Dienern empfangen wurde, und in einem schnell

umgeworfenen schimmernden Jagdkleide einen schneeweißen
Zelter bestieg. Wie festgebannt von Staunen, Freude und einem
heimlichen Grauen, das ihn innerlichst überschlich, blieb er stehen, bis Pferde, Reiter und die ganze seltsame Erscheinung in der
Nacht verschwunden war.
Ein Rufen aus dem Garten weckte ihn endlich aus seinen Träumen. Er erkannte Fortunato's Stimme und eilte, den Freund zu
erreichen, der ihn schon längst vermisst und vergebens aufgesucht hatte. Dieser wurde seiner kaum gewahr, als er ihm schon
entgegen sang:

> Still in Luft
> Es gebart
> Aus dem Duft
> Hebt's sich zart
> Liebchen ruft
> Liebster schweift
> Durch die Luft,
> Sternwärts greift
> Seufzt und ruft,
> Herz wird bang
> Matt wird Duft,
> Zeit wird lang. –
> Mondscheinduft
> Luft in Luft
> Bleibt Liebe und Liebste, wie sie gewesen!

Aber wo seid Ihr denn auch so lange herumgeschwebt? schloss
er endlich lachend. – Um keinen Preis hätte Florio sein Geheimnis verraten können. Lange? – erwiderte er nur, selber erstaunt.
Denn in der Tat war der Garten unterdes ganz leer geworden, alle
Beleuchtung fast erloschen, nur wenige Lampen flackerten noch
ungewiss, wie Irrlichter, im Winde hin und her.
Fortunato drang nicht weiter in den Jüngling, und schweigend
stiegen sie in dem stillgewordnen Hause die Stufen hinan. Ich löse
nun mein Wort, sagte Fortunato, indem sie auf der Terrasse über
dem Dache der Villa anlangten, wo noch eine kleine Gesellschaft
unter dem heiter gestirnten Himmel versammelt war. Florio er-

kannte sogleich mehrere Gesichter, die er an jenem ersten fröhlichen Abend bei den Zelten gesehen. Mitten unter ihnen erblickte er auch seine schöne Nachbarin wieder. Aber der fröhliche Blumenkranz fehlte heute in den Haaren, ohne Band, ohne Schmuck wallten die schönen Locken um das Köpfchen und den zierlichen Hals. Er stand fast betroffen still bei dem Anblick. Die Erinnerung an jenen Abend überflog ihn mit einer seltsam wehmütigen Gewalt. Es war ihm, als sei das schon lange her, so ganz anders war alles seitdem geworden.

Das Fräulein wurde Bianka genannt und ihm als Pietro's Nichte vorgestellt. Sie schien ganz verschüchtert, als er sich ihr näherte, und wagte es kaum, zu ihm aufzublicken. Er äußerte ihr seine Verwunderung, sie diesen Abend hindurch nicht gesehen zu haben. Ihr habt mich öfter gesehen, sagte sie leise, und er glaubte dieses Flüstern wiederzuerkennen. – Währenddes wurde sie die Rose an seiner Brust gewahr, welche er von der Griechin erhalten, und schlug errötend die Augen nieder. Florio bemerkte es wohl, ihm fiel dabei ein, wie er nach dem Tanze die Griechin doppelt gesehen. Mein Gott! dachte er verwirrt bei sich, wer war denn das? –
Es ist gar seltsam, unterbrach sie ablenkend das Stillschweigen, so plötzlich aus der lauten Lust in die weite Nacht hinauszutreten. Seht nur, die Wolken gehn oft so schreckhaft wechselnd über den Himmel, dass man wahnsinnig werden müsste, wenn man lange hineinsähe, bald wie ungeheure Mondgebirge mit schwindligen Abgründen und schrecklichen Zacken, ordentlich wie Gesichter, bald wieder wie Drachen, oft plötzlich lange Hälse ausstreckend, und drunter schießt der Fluss heimlich wie eine goldne Schlange durch das Dunkel, das weiße Haus da drüben sieht aus wie ein stilles Marmorbild – Wo? fuhr Florio, bei diesem Worte heftig erschreckt, aus seinen Gedanken auf. – Das Mädchen sah ihn verwundert an, und beide schwiegen einige Augenblicke still. – Ihr werdet Lucca verlassen? sagte sie endlich wieder zögernd und leise, als fürchtete sie sich vor einer Antwort. Nein, erwiderte Florio zerstreut, doch ja, ja, bald, recht sehr bald! – Sie schien noch etwas sagen zu wollen, wandte aber plötzlich, die Worte zurückdrängend, ihr Gesicht ab in die Dunkelheit.

Er konnte endlich den Zwang nicht länger aushalten. Sein Herz war so voll und gepresst und doch so überselig. Er nahm schnell

F lässt B zurück, B verliert die Hoffnung, F reitet zurück

Abschied, eilte hinab und ritt ohne Fortunato und alle Begleitung in die Stadt zurück.

Das Fenster in seinem Zimmer stand offen, er blickte flüchtig noch einmal hinaus. Die Gegend draußen lag unkenntlich und still wie eine wunderbar verschränkte Hieroglyphe im zauberischen Mondschein. Er schloss das Fenster fast erschrocken und warf sich auf sein Ruhebett hin, wo er als wie ein Fieberkranker in die wunderlichsten Träume versank.

Bianka aber saß noch lange auf der Terrasse oben. Alle andern hatten sich zur Ruhe begeben, hin und wieder erwachte schon manche Lerche, mit ungewissem Liede hoch durch die stille Luft schweifend, die Wipfel der Bäume fingen an sich unten zu rühren, falbe Morgenlichter flogen wechselnd über ihr verwachtes, von den freigelassnen Locken nachlässig umwalltes Gesicht. – Man sagt, dass einem Mädchen, wenn sie in einem aus neunerlei Blumen geflochtenen Kranze einschläft, ihr künftiger Bräutigam im Traume erscheine. So eingeschlummert hatte Bianka nach jenem Abend bei den Zelten Florio'n im Traume gesehen. – Nun war alles Lüge, er war ja so zerstreut, so kalt und fremde! – Sie zerpflückte die trügerischen Blumen, die sie bis jetzt wie einen Brautkranz aufbewahrt. Dann lehnte sie die Stirn an das kalte Geländer und weinte aus Herzensgrunde.

Florio besucht Donati

Mehrere Tage waren seitdem vergangen, da befand sich Florio eines Nachmittags bei Donati auf seinem Landhause vor der Stadt. An einem mit Früchten und kühlem Wein besetzten Tische verbrachten sie die schwülen Stunden unter anmutigen Gesprächen bis die Sonne schon tief hinabgesunken war. Währenddes ließ Donati seinen Diener auf der Gitarre spielen, der ihr gar liebliche Töne zu entlocken wusste. Die großen, weiten Fenster standen dabei offen, durch welche die lauen Abendlüfte den Duft vielfacher Blumen, mit denen das Fenster besetzt war, hineinwehten. Draußen lag die Stadt im farbigen Duft zwischen den Gärten und Weinbergen, von denen ein fröhliches Schallen durch die Fenster heraufkam. Florio war innerlichst vergnügt, denn er gedachte im Stillen immerfort der schönen Frau.

Währenddessen ließen sich draußen Waldhörner aus der Ferne vernehmen. Bald näher, bald weit, gaben sie einander unablässig anmutig Antwort von den grünen Bergen. Donati trat ans Fenster. Das ist die Dame, sagte er, die Ihr in dem schönen Garten gesehen habt, sie kehrt soeben von der Jagd nach ihrem Schlosse zurück. Florio blickte hinaus. Da sah er das Fräulein auf einem schönen Zelter unten über den grünen Anger[20] ziehen. Ein Falke, mit einer goldenen Schnur an ihren Gürtel befestigt, saß auf ihrer Hand, ein Edelstein an ihrer Brust warf in der Abendsonne lange grünlichgoldne Scheine über die Wiese hin. Sie nickte freundlich zu ihnen herauf.

Das Fräulein ist nur selten zu Hause, sagte Donati, wenn es Euch gefällig wäre, könnten wir sie noch heute besuchen. Florio fuhr bei diesen Worten freudig aus dem träumerischen Schauen, in das er versunken stand, er hätte dem Ritter um den Hals fallen mögen. – Und bald saßen beide draußen zu Pferde.

Sie waren noch nicht lange geritten, als sich der Palast mit seiner heitern Säulenpracht vor ihnen erhob, ringsum von dem schönen Garten, wie von einem fröhlichen Blumenkranz umgeben. Von Zeit zu Zeit schwangen sich Wasserstrahlen von den vielen Springbrunnen, wie jauchzend, bis über die Wipfel der Gebüsche, hell im Abendgolde funkelnd. – Florio verwunderte sich, wie er bisher niemals den Garten wiederfinden konnte. Sein Herz schlug laut vor Entzücken und Erwartung, als sie endlich bei dem Schlosse anlangten.

Mehrere Diener eilten herbei, ihnen die Pferde abzunehmen. Das Schloss selbst war ganz von Marmor, und seltsam, fast wie ein heidnischer Tempel erbaut. Das schöne Ebenmaß aller Teile, die wie jugendliche Gedanken hochaufstrebenden Säulen, die künstlichen Verzierungen, sämtliche Geschichten aus einer fröhlichen, lange versunkenen Welt darstellend, die schönen marmornen Götterbilder endlich, die überall in den Nischen umher standen, alles erfüllte die Seele mit einer unbeschreiblichen Heiterkeit. Sie betraten nun die weite Halle, die durch das ganze Schloss hindurchging. Zwischen den luftigen Säulen glänzte und wehte ihnen überall der Garten duftig entgegen.

Auf den breiten glattpolierten Stufen, die in den Garten hinabführten, trafen sie endlich auch die schöne Herrin des Palastes, die sie mit großer Anmut willkommen hieß. – Sie ruhte, halb liegend,

---

20 Wiese.

auf einem Ruhebett von köstlichen Stoffen. Das Jagdkleid hatte sie abgelegt, ein himmelblaues Gewand, von einem wunderbar zierlichen Gürtel zusammengehalten, umschloss die schönen Glieder. Ein Mädchen neben ihr kniend, hielt ihr einen reich verzierten Spiegel vor, während mehrere andere beschäftigt waren, ihre anmutige Gebieterin mit Rosen zu schmücken. Zu ihren Füßen war ein Kreis von Jungfrauen auf den Rasen gelagert, die sangen mit abwechselnden Stimmen zur Laute, bald hinreißend fröhlich, bald leise klagend, wie Nachtigallen in warmen Sommernächten einander Antwort geben.

In dem Garten selbst sah man überall ein erfrischendes Wehen und Regen. Viele fremde Herren und Damen wandelten da zwischen den Rosengebüschen und Wasserkünsten in artigen Gesprächen auf und nieder. Reich geschmückte Edelknaben reichten Wein und mit Blumen verdeckte Orangen und Früchte in silbernen Schalen umher. Weiter in der Ferne, wie die Lautenklänge und die Abendstrahlen so über die Blumenfelder dahinglitten, erhoben sich hin und her schöne Mädchen, wie aus Mittagsträumen erwachend, aus den Blumen, schüttelten die dunkeln Locken aus der Stirn, wuschen sich die Augen in den klaren Springbrunnen, und mischten sich dann auch in den fröhlichen Schwarm.

Florio's Blicke schweiften wie geblendet über die bunten Bilder, immer mit neuer Trunkenheit wieder zu der schönen Herrin des Schlosses zurückkehrend. Diese ließ sich in ihrem kleinen anmutigen Geschäft nicht stören. Bald etwas an ihrem dunkeln duftenden Lockengeflecht verbessernd, bald wieder im Spiegel sich betrachtend, sprach sie dabei fortwährend zu dem Jüngling, mit gleichgültigen Dingen in zierlichen Worten holdselig spielend. Zuweilen wandte sie sich plötzlich um und blickte ihn unter den Rosenkränzen so unbeschreiblich lieblich an, dass es ihm durch die innerste Seele ging. –

Die Nacht hatte indes schon angefangen, zwischen die fliegenden Abendlichter hinein zu dunkeln, das lustige Schallen im Garten wurde nach und nach zum leisen Liebesgeflüster, der Mondschein legte sich zauberisch über die schönen Bilder. Da erhob sich die Dame von ihrem blumigen Sitze und fasste Florio'n freundlich bei der Hand, um ihn in das Innere ihres Schlosses zu führen, von dem er bewundernd gesprochen. Viele von den andern folgten

32

ihnen nach. Sie gingen einige Stufen auf und nieder, die Gesellschaft zerstreute sich inzwischen lustig, lachend und scherzend durch die vielfachen Säulengänge, auch Donati war im Schwarme verloren, und bald befand sich Florio mit der Dame allein in einem der prächtigsten Gemächer des Schlosses.

Die schöne Führerin ließ sich hier auf mehrere am Boden liegende seidene Kissen nieder. Sie warf dabei, zierlich wechselnd, ihren weiten, blütenweißen Schleier in die mannigfaltigsten Richtungen, immer schönere Formen bald enthüllend, bald lose verbergend. Florio betrachtete sie mit flammenden Augen. Da begann auf einmal draußen in dem Garten ein wunderschöner Gesang. Es war ein altes frommes Lied, das er in seiner Kindheit oft gehört und seitdem über den wechselnden Bildern der Reise fast vergessen hatte. Er wurde ganz zerstreut, denn es kam ihm zugleich vor, als wäre es Fortunato's Stimme. – Kennt Ihr den Sänger? fragte er rasch die Dame. Diese schien ordentlich erschrocken und verneinte es verwirrt. Dann saß sie lange im stummen Nachsinnen da.

Florio hatte unterdes Zeit und Freiheit, die wunderlichen Verzierungen des Gemaches genau zu betrachten. Es war nur matt durch einige Kerzen erleuchtet, die von zwei ungeheuren, aus der Wand hervorragenden Armen gehalten wurden. Hohe, ausländische Blumen, die in künstlichen Krügen umherstanden, verbreiteten einen berauschenden Duft. Gegenüber stand eine Reihe marmorner Bildsäulen, über deren reizende Formen die schwankenden Lichter lüstern auf und nieder schweiften. Die übrigen Wände füllten köstliche Tapeten mit in Seide gewirkten lebensgroßen Historien von ausnehmender Frische.

Mit Verwunderung glaubte Florio, in allen den Damen, die er in diesen letzteren Schildereien erblickte, die schöne Herrin des Hauses deutlich wiederzuerkennen. Bald erschien sie, den Falken auf der Hand, wie er sie vorhin gesehen hatte, mit einem jungen Ritter auf die Jagd reitend, bald war sie in einem prächtigen Rosengarten vorgestellt, wie ein andrer schöner Edelknabe auf den Knien zu ihren Füßen lag.

Da flog es ihn plötzlich wie von den Klängen des Liedes draußen an, dass er zu Hause in früher Kindheit oftmals ein solches Bild gesehen, eine wunderschöne Dame in derselben Kleidung, einen Ritter zu ihren Füßen, hinten einen weiten Garten mit vielen

Springbrunnen und künstlich geschnittenen Alleen, gerade so wie vorhin der Garten draußen erschienen. Auch Abbildungen von Lucca und anderen berühmten Städten erinnerte er sich dort gesehen zu haben.

Er erzählte es nicht ohne tiefe Bewegung der Dame. Damals, sagte er in Erinnerung verloren, wenn ich so an schwülen Nachmittagen in dem einsamen Lusthause unseres Gartens vor den alten Bildern stand und die wunderlichen Türme der Städte, die Brücken und Alleen betrachtete, wie da prächtige Karossen fuhren und stattliche Kavaliers einher ritten, die Damen in den Wagen begrüßend – da dachte ich nicht, dass das alles einmal lebendig werden würde um mich herum. Mein Vater trat dabei oft zu mir und erzählte mir manch lustiges Abenteuer, das ihm auf seinen jugendlichen Heeresfahrten²¹ in der und jener von den abgemalten Städten begegnete. Dann pflegte er gewöhnlich lange Zeit nachdenklich in dem stillen Garten auf und ab zu gehen. – Ich aber warf mich in das tiefste Gras und sah stundenlang zu, wie die Wolken über die schwüle Gegend wegzogen. Die Gräser und Blumen schwankten leise hin und her über mir, als wollten sie seltsame Träume weben, die Bienen summten dazwischen so sommerhaft und in einem fort – ach! das ist alles wie ein Meer von Stille, in dem das Herz vor Wehmut untergehen möchte! – Lasst nur das! sagte hier die Dame wie in Zerstreuung, ein jeder glaubt mich schon einmal gesehen zu haben, denn mein Bild dämmert und blüht wohl in allen Jugendträumen mit herauf. Sie streichelte dabei beschwichtigend dem schönen Jüngling die braunen Locken aus der klaren Stirn. – Florio aber stand auf, sein Herz war zu voll und tief bewegt, er trat ans offene Fenster. Da rauschten die Bäume, hin und her schlug eine Nachtigall, in der Ferne blitzte es zuweilen. Über den stillen Gartenweg zog immer fort der Gesang wie ein klarer kühler Strom, aus dem die alten Jugendträume herauf tauchten. Die Gewalt dieser Töne hatte seine ganze Seele in tiefe Gedanken versenkt, er kam sich auf einmal hier so fremde, und wie aus sich selber verirrt vor. Selbst die letzten Worte der Dame, die er sich nicht recht zu deuten wusste, beängstigten ihn sonderbar – da sagte er leise aus tiefstem Grunde der Seele: Herr Gott, lass mich nicht verloren gehen in der Welt! Kaum hatte er die Worte innerlichst ausgesprochen, als sich

---

21 Erkundungsfahrten.

draußen ein trüber Wind wie von dem herannahenden Gewitter
erhob und ihn verwirrend anwehte. Zur gleichen Zeit bemerkte er
an dem Fenstergesimse Gras und einzelne Büschel von Kräutern
wie auf altem Gemäuer. Eine Schlange fuhr zischend daraus hervor
und stürzte mit dem grünlichgoldenen Schweife sich ringelnd in
den Abgrund hinunter.
Erschrocken verließ Florio das Fenster und kehrte zu der Dame
zurück. Diese saß unbeweglich still, als lausche sie. Dann stand
sie rasch auf, ging ans Fenster und sprach mit anmutiger Stimme
scheltend in die Nacht hinaus. Florio konnte aber nichts verste-
hen, denn der Sturm riss die Worte gleich mit sich fort. – Das Gewitter schien indes immer näher zu kommen, der Wind, zwischen
dem noch immerfort einzelne Töne des Gesanges herzzerreißend
herauflogen, strich pfeifend durch das ganze Haus und drohte
die wild hin und her flackernden Kerzen zu verlöschen. Ein langer
Blitz erleuchtete soeben das dämmernde Gemach. Da fuhr Florio
plötzlich einige Schritte zurück, denn es war ihm, als stünde die
Dame starr mit geschlossenen Augen und ganz weißem Antlitz
und Armen vor ihm. – Mit dem flüchtigen Blitzesscheine jedoch
verschwand auch das schreckliche Gesicht wieder, wie es entstanden. Die alte Dämmerung füllte wieder das Gemach, die Dame
sah ihn wieder lächelnd an wie vorhin, aber stillschweigend und
wehmütig wie mit schwer verhaltenen Tränen.
Florio hatte indes, im Schrecken zurücktaumelnd, eines von den
steinernen Bildern, die an der Wand herumstanden, angestoßen.
In demselben Augenblicke begann dasselbe sich zu rühren, die Re-
gung teilte sich schnell den andern mit, und bald erhoben sich alle
die Bilder mit furchtbarem Schweigen von ihrem Gestelle. Florio
zog seinen Degen und warf einen ungewissen Blick auf die Dame.
Als er aber bemerkte, dass dieselbe, bei den indes immer gewaltiger
verschwellenden Tönen des Gesanges im Garten, immer bleicher
und bleicher wurde, gleich einer versinkenden Abendröte, worin
endlich auch die lieblich spielenden Augensterne unterzugehen
schienen, da erfasste ihn ein tödliches Grauen. Denn auch die
hohen Blumen in den Gefäßen fingen an, sich wie buntgefleck-
te bäumende Schlangen grässlich durcheinander zu winden, alle
Ritter auf den Wandtapeten sahen auf einmal aus wie er und lach-
ten ihn hämisch an, die beiden Arme, welche die Kerzen hielten,

F will D im Landhaus suchen, Villa ist nicht mehr da, trifft nur auf den Gärtner

rangen und reckten sich immer länger, als wollte ein ungeheurer Mann aus der Wand sich hervorarbeiten, der Saal füllte sich mehr und mehr, die Flammen des Blitzes warfen grässliche Scheine zwischen die Gestalten, durch deren Gewimmel Florio die steinernen Bilder mit solcher Gewalt auf sich losdringen sah, dass ihm die Haare zu Berge standen. Das Grausen überwältigte alle seine Sinne, er stürzte verworren aus dem Zimmer durch die öden widerhallenden Gemächer und Säulengänge hinab.

greifen ihn an

Unten im Garten lag seitwärts der stille Weiher, den er in jener ersten Nacht gesehen, mit dem marmornen Venusbilde. – Der Sänger Fortunato, so kam es ihm vor, fuhr abgewendet und hoch aufrecht stehend im Kahne mitten auf dem Weiher, noch einzelne Akkorde in seine Gitarre greifend. – Florio aber hielt auch diese Erscheinung für ein verwirrendes Blendwerk der Nacht und eilte fort und fort, ohne sich umzusehen, bis Weiher, Garten und Palast weit hinter ihm versunken waren. Die Stadt ruhte, hell vom Monde beschienen, vor ihm. Fernab am Horizonte verhallte nur leise ein leichtes Gewitter, es war eine prächtig klare Sommernacht.

sieht Venusbilder wieder

außerhalb des Hauses ist alles normal

Schon flogen einzelne Lichtstreifen über den Morgenhimmel, als er vor den Toren ankam. Er suchte dort heftig Donati's Wohnung auf, ihn wegen der Begebenheiten dieser Nacht zur Rede zu stellen. Das Landhaus lag auf einem der höchsten Plätze mit der Aussicht über die Stadt und die ganze umliegende Gegend. Er fand daher die anmutige Stelle bald wieder. Aber anstatt der zierlichen Villa, in der er gestern gewesen, stand nur eine niedere Hütte da, ganz von Weinlaub überrankt und von einem kleinen Gärtchen, umschlossen. Tauben in den ersten Morgenstrahlen spiegelnd, gingen girrend auf dem Dache auf und nieder, ein tiefer heiterer Friede herrschte überall. Ein Mann mit dem Spaten auf der Achsel kam soeben aus dem Hause und sang:

Donatis Villa ist weg

Vergangen ist die finstre Nacht,
Des Bösen Trug und Zaubermacht,
Zur Arbeit weckt der lichte Tag;
Frisch auf, wer Gott noch loben mag!

Er brach sein Lied plötzlich ab, als er den Fremden so bleich und mit verworrenem Haar daherfliegen sah. – Ganz verwirrt fragte

Florio nach Donati. Der Gärtner aber kannte den Namen nicht
und schien den Fragenden für wahnsinnig zu halten. Seine Tochter dehnte sich auf der Schwelle in die kühle Morgenluft hinaus
und sah den Fremden frisch und morgenklar mit den großen, verwunderten Augen an. – Mein Gott! wo bin ich denn so lange gewesen! sagte Florio halb leise in sich, und floh eilig zurück durch
das Tor und die noch leeren Gassen in die Herberge.
Hier verschloss er sich in sein Zimmer und versank ganz und gar
in ein hinstarrendes Nachsinnen. Die unbeschreibliche Schönheit
der Dame, wie sie so langsam vor ihm verblich, und die anmutigen
Augen untergingen, hatte in seinem tiefsten Herzen eine solche
unendliche Wehmut zurückgelassen, dass er sich unwiderstehlich
sehnte, hier zu sterben. –
In solchem unseligen Brüten und Träumen blieb er den ganzen Tag
und die darauf folgende Nacht hindurch.

Die früheste Morgendämmerung fand ihn schon zu Pferde vor den
Toren der Stadt. Das unermüdliche Zureden seines getreuen Dieners
hatte ihn endlich zu dem Entschlusse bewogen, diese Gegend gänzlich zu verlassen. Langsam und in sich gekehrt zog er nun die schöne Straße, die von Lucca in das Land hinausführte, zwischen den
dunkelnden Bäumen, in denen die Vögel noch schliefen, dahin.
Da gesellten sich, nicht gar fern der Stadt, noch drei andere Reiter
zu ihm. Nicht ohne heimlichen Schauer erkannte er in dem einen
den Sänger Fortunato. Der andere war Fräulein Bianka's Oheim, in
dessen Landhause er an jenem verhängnisvollen Abende getanzt.
Er wurde von einem Knaben begleitet, der stillschweigend und
ohne viel aufzublicken, neben ihm her ritt. Alle drei hatten sich
vorgenommen, miteinander das schöne Italien zu durchschweifen,
und luden Florio freudig ein, mit ihnen zu reisen. Er aber verneigte
sich schweigend, weder einwilligend, noch verneinend, und nahm
fortwährend an allen ihren Gesprächen nur geringen Anteil.
Die Morgenröte erhob sich indes immer höher und kühler über der
wunderschönen Landschaft vor ihnen. Da sagte der heitre Pietro
zu Fortunato: Seht nur, wie seltsam das Zwielicht über dem Gestein
der alten Ruine auf dem Berge dort spielt! Wie oft bin ich, schon
als Knabe, mit Erstaunen, Neugier und heimlicher Scheu dort herumgeklettert! Ihr seid so vieler Sagen kundig, könnt Ihr uns nicht

Abreise

Auskunft geben von dem Ursprung und Verfall dieses Schlosses, von dem so wunderliche Gerüchte im Lande gehen? – Florio warf einen Blick nach dem Berge. In einer großen Einsamkeit lag da altes verfallenes Gemäuer umher, schöne halb in die Erde versunkene Säulen und künstlich gehauene Steine, alles von einer üppig blühenden Wildnis grünverschlungener Ranken, Hecken und hohen Unkrauts überdeckt. Ein Weiher befand sich daneben, über dem sich ein zum Teil zertrümmertes Marmorbild erhob, hell vom Morgen angeglüht. Es war offenbar dieselbe Gegend, dieselbe Stelle, wo er den schönen Garten und die Dame gesehen hatte. – Er schauerte innerlichst zusammen bei dem Anblicke. – Fortunato aber sagte: Ich weiß ein altes Lied darauf, wenn ihr damit fürlieb nehmen wollt. – Und damit sang er, ohne sich lange zu besinnen, mit seiner klaren fröhlichen Stimme in die heitere Morgenluft hinaus:

sind wieder am Weiher angelangt, Schloss ist Ruine

Von kühnen Wunderbildern
Ein großer Trümmerhauf,
In reizendem Verwildern
Ein blüh'nder Garten drauf.

Versunknes Reich zu Füßen,
Vom Himmel fern und nah,
Aus andrem Reich ein Grüßen –
Das ist Italia!

Wenn Frühlingslüfte wehen
Hold übern grünen Plan,
Ein leises Auferstehen
Hebt in den Tälern an.

Da will sich's unten rühren
Im stillen Göttergrab,
Der Mensch kann's schauernd spüren
Tief in die Brust hinab.

Verwirrend durch die Bäume
Gehn Stimmen hin und her,
Ein sehnsuchtsvolles Träumen
Weht übers blaue Meer.

Und unterm duft'gen Schleier,
So oft der Lenz erwacht,
Webt in geheimer Feier
Die alte Zaubermacht.

Frau Venus hört das Locken,
Der Vögel heitern Chor
Und richtet froh erschrocken
Aus Blumen sich empor.

Sie sucht die alten Stellen,
Das luft'ge Säulenhaus,
Schaut lächelnd in die Wellen
Der Frühlingsluft hinaus.

Doch öd' sind nun die Stellen,
Stumm liegt ihr Säulenhaus,
Gras wächst da auf den Schwellen,
Der Wind zieht ein und aus.

Wo sind nun die Gespielen?
Diana[22] schläft im Wald,
Neptunus[23] ruht im kühlen
Meerschloss, das einsam hallt.

Zuweilen nur Sirenen
Noch tauchen aus dem Grund
Und tun in irren Tönen
Die tiefe Wehmut kund. –

Sie selbst muss sinnend stehen
So bleich im Frühlingsschein,
Die Augen untergehen,
Der schöne Leib wird Stein. –

---

[22] Römische Göttin der Jagd.
[23] Römischer Gott des Meeres.

Denn über Land und Wogen
Erscheint, so still und mild,
Hoch auf dem Regenbogen
Ein andres Frauenbild.

Ein Kindlein in den Armen
Die Wunderbare hält
Und himmlisches Erbarmen
Durchdringt die ganze Welt.

Da in den lichten Räumen
Erwacht das Menschenkind
Und schüttelt böse Träume
Von seinem Haupt geschwind.

Und, wie die Lerche singend,
Aus schwülen Zaubers Kluft
Erhebt die Seele ringend
Sich in die Morgenluft.

Alle waren still geworden über dem Liede. – Jene Ruine, sagte endlich Pietro, wäre also ein ehemaliger Tempel der Venus, wenn ich Euch sonst recht verstanden? Allerdings, erwiderte Fortunato, so viel man an der Anordnung des Ganzen und den noch übrig gebliebenen Verzierungen abnehmen kann. Auch sagt man, der Geist der schönen Heidengöttin habe keine Ruhe gefunden. Aus der erschrecklichen Stille des Grabes heißt sie das Andenken an die irdische Lust jeden Frühling immer wieder in die grüne Einsamkeit ihres verfallenen Hauses heraufsteigen und durch teuflisches Blendwerk die alte Verführung üben an jungen sorglosen Gemütern, die dann vom Leben abgeschieden, und doch auch noch nicht aufgenommen in den Frieden der Toten, zwischen wilder Lust und schrecklicher Reue, an Leib und Seele verloren, umherirren, und in der entsetzlichsten Täuschung sich selber verzehren. Gar häufig will man auf demselben Platze Anfechtungen von Gespenstern verspürt haben, wo sich bald eine wunderschöne Dame, bald mehrere ansehnliche Kavaliers sehen lassen und die Vorübergehenden in einem dem Auge vorgestellten erdichteten Garten und Palast führen. – Seid Ihr jemals droben gewesen? fragte hier Florio rasch, aus seinen Gedanken erwachend. – Erst vorgestern, abends, entgegnete Fortunato. – Und habt Ihr nichts Erschreckliches gesehen? – Nichts, sagte der Sänger, als den stillen Weiher und die weißen rätselhaften Steine im Mondlicht umher und den weiten unendlichen Sternenhimmel darüber. Ich sang ein altes frommes Lied, eines von jenen ursprünglichen Liedern, die, wie Erinnerungen und Nachklänge aus einer andern heimatlichen Welt, durch das Paradiesgärtlein unsrer Kindheit ziehn und ein rechtes Wahrzeichen sind, an dem sich alle Poetischen später in dem älter gewordnen Leben immer wieder erkennen. Glaubt mir, ein redlicher Dichter kann viel wagen, denn die Kunst, die ohne Stolz und Frevel, bespricht und bändigt die wilden Erdengeister, die aus der Tiefe nach uns langen.

Alle schwiegen, die Sonne ging soeben auf vor ihnen und warf ihre funkelnden Lichter über die Erde. Da schüttelte Florio sich an allen Gliedern, sprengte rasch eine Strecke den andern voraus, und sang mit heller Stimme:

> Hier bin ich, Herr! Gegrüßt das Licht,
> Das durch die stille Schwüle
> Der müden Brust gewaltig bricht
> Mit seiner strengen Kühle.
>
> Nun bin ich frei! Ich taumle noch
> Und kann mich noch nicht fassen –
> O Vater du erkennst mich doch,
> Und wirst nicht von mir lassen!

Es kommt nach allen heftigen Gemütsbewegungen, die unser ganzes Wesen durchschüttern, eine stillklare Heiterkeit über die Seele, gleich wie die Felder nach einem Gewitter frischer grünen und aufatmen. So fühlte sich auch Florio nun innerlichst erquickt, er blickte wieder recht mutig um sich und erwartete beruhigt die Gefährten, die langsam im Grünen nachgezogen kamen.

Der zierliche Knabe, welcher Pietro'n begleitete, hatte unterdes auch, wie Blumen vor den ersten Morgenstrahlen, das Köpfchen erhoben. – Da erkannte Florio mit Erstaunen Fräulein Bianka. Er

41

erschrak, wie sie so bleich aussah gegen jenen Abend, da er sie zum ersten Mal unter den Zelten im reizenden Mutwillen gesehen. Die Arme war mitten in ihren sorglosen Kinderspielen von der Gewalt der ersten Liebe überrascht worden. Und als dann der heißgeliebte Florio, den dunklen Mächten folgend, so fremde wurde und sich immer weiter von ihr entfernte, bis sie ihn endlich ganz verloren geben musste, da versank sie in eine tiefe Schwermut, deren Geheimnis sie niemanden anzuvertrauen wagte. Der kluge Pietro wusste es aber wohl und hatte beschlossen, seine Nichte weit fortzuführen und sie in fremden Gegenden und in einem andern Himmelsstrich, wo nicht zu heilen, doch zu zerstreuen und zu erhalten. Um ungehinderter reisen zu können, und zugleich alles Vergangene gleichsam von sich abzustreifen, hatte sie Knabentracht anlegen müssen.

Mit Wohlgefallen ruhten Florio's Blicke auf der lieblichen Gestalt. Eine seltsame Verblendung hatte bisher seine Augen wie mit einem Zaubernebel umfangen. Nun erstaunte er ordentlich, wie schön sie war! Er sprach vielerlei gerührt und mit tiefer Innigkeit zu ihr. Da ritt sie, ganz überrascht von dem unverhofften Glück, und in freudiger Demut, als verdiene sie solche Gnade nicht, mit niedergeschlagenen Augen, schweigend neben ihm her. Nur manchmal blickte sie unter den langen schwarzen Augenwimpern nach ihm hinauf, die ganze klare Seele lag in dem Blick, als wollte sie bittend sagen: »Täusche mich nicht wieder!«

Sie waren unterdes auf einer luftigen Höhe angelangt, hinter ihnen versank die Stadt Lucca mit ihren dunklen Türmen in dem schimmernden Duft. Da sagte Florio zu Bianka gewendet: Ich bin wie neu geboren, es ist mir, als würde noch alles gut werden, seit ich Euch wiedergefunden. Ich möchte niemals wieder scheiden, wenn Ihr es vergönnt. –

Bianka blickte ihn, statt aller Antwort selber wie fragend, mit ungewisser, noch halb zurückgehaltener Freude an und sah recht wie ein heiteres Engelsbild auf dem tiefblauen Grunde des Morgenhimmels aus. Der Morgen schien ihnen, in langen goldenen Strahlen über die Fläche schießend, grad entgegen. Die Bäume standen hell angeglüht, unzählige Lerchen sangen schwirrend in der klaren Luft. Und so zogen die Glücklichen fröhlich durch die überglänzten Auen in das blühende Mailand hinunter.

Materialien

I Zugänge

1 Carla Schulz-Hoffmann: Romantische Echos

Eine allerdings einschneidende Gemeinsamkeit zwischen der Romantik und dem Surrealismus Max Ernsts kann in einer radikalen Kritik überkommener Ordnungsschemata gesehen werden, die sich in den lust- und qualvollen Exkursen der Surrealisten in

Max Ernst (1891–1976): L'Eau (Das Wasser), Collagenzyklus, 1934, Nr. 9 und 25

I Zugänge

das Dickicht des Unbewussten besonders nachdrücklich artikuliert. Gegen ein von Zweckdenken, Vernunft- und Ordnungsgläubigkeit bestimmtes Weltbild setzten sie auf die verschütteten und unterdrückten Kräfte des Unterbewusstseins und den Wahrheitsgehalt der Träume. Nur durch die Reaktivierung des Verdrängten, chaotisch-ungeordneten Naturpotentials ließ sich die verlorene Identität des Menschen, die Ganzheit seiner Existenz wieder herstellen, eine These, die schon in der Romantik nachdrücklich vertreten wurde. *(1999)*

I Zugänge

2   Novalis: Ein tiefer blauer Strom ...

Novalis (eigentlich Friedrich, Freiherr von Hardenberg) gilt als der bedeutendste Vertreter der Frühromantik. Im folgenden Ausschnitt aus seinem Roman „Heinrich von Ofterdingen" träumt der Titelheld von einer Begegnung mit seiner Geliebten
5 *Mathilde.*

Heinrich war erhitzt, und nur spät gegen Morgen schlief er ein. In wunderliche Träume flossen die Gedanken seiner Seele zusammen. Ein tiefer blauer Strom schimmerte aus der grünen Ebene herauf. Auf der glatten Fläche schwamm ein Kahn. Mathilde saß
10 und ruderte. Sie war mit Kränzen geschmückt, sang ein einfaches Lied, und sah nach ihm mit süßer Wehmut herüber. Seine Brust war beklommen. Er wusste nicht warum. Der Himmel war heiter, die Flut ruhig. Ihr himmlisches Gesicht spiegelte sich in den Wellen. Auf einmal fing der Kahn an sich umzudrehen.
15 Er rief ihr ängstlich zu. Sie lächelte und legte das Ruder in den Kahn, der sich immerwährend drehte. Eine ungeheure Bangigkeit ergriff ihn. Er stürzte sich in den Strom; aber er konnte nicht fort, das Wasser trug ihn. Sie winkte, sie schien ihm etwas sagen zu wollen, der Kahn schöpfte schon Wasser; doch lächelte sie
20 mit einer unsäglichen Innigkeit, und sah heiter in den Wirbel hinein. Auf einmal zog es sie hinunter. Eine leise Luft strich über den Strom, der ebenso ruhig und glänzend floss, wie vorher. Die entsetzliche Angst raubte ihm das Bewusstsein. Das Herz schlug nicht mehr. Er kam erst zu sich, als er sich auf trocknem Boden
25 fühlte. Er mochte weit geschwommen sein. Es war eine fremde Gegend. Er wusste nicht, wie ihm geschehen war. Sein Gemüt war verschwunden. (...)
Da hörte er jenes einfache Lied wieder. Er lief den Tönen nach. Auf einmal hielt ihn jemand am Gewande zurück. „Lieber Hein-
30 rich", rief eine bekannte Stimme. Er sah sich um, und Mathilde schloss ihn in ihre Arme. „Warum liefst du vor mir, liebes Herz", sagte sie tiefatmend. „Kaum konnte ich dich einholen." Heinrich weinte. Er drückte sie an sich. – „Wo ist der Strom?", rief er mit Tränen. „Siehst du nicht seine blauen Wellen über uns?" Er sah
35 hinauf, und der blaue Strom floss leise über ihrem Haupte. „Wo

sind wir, liebe Mathilde?" "Bei unsern Eltern." "Bleiben wir zusammen?" "Ewig", versetzte sie, indem sie ihre Lippen an die seinigen drückte, und ihn so umschloss, dass sie nicht wieder von ihm konnte. Sie sagte ihm ein wunderbares geheimes Wort in den Mund, was sein ganzes Wesen durchklang. Er wollte es 40 wiederholen, als sein Großvater rief, und er aufwachte. Er hätte sein Leben darum geben mögen, das Wort noch zu wissen.

(1802)

3 Novalis: Das Wasser ...

Im Romanfragment "Die Lehrlinge zu Sais" charakterisiert Novalis das Element des Wassers.

Das Wasser, dieses erstgeborne Kind luftiger Verschmelzungen, kann seinen wollüstigen Ursprung nicht verleugnen und zeigt sich, als Element der Liebe und der Mischung mit himmlischer 5 Allgewalt auf Erden. Nicht unwahr haben alte Weisen im Wasser den Ursprung der Dinge gesucht, und wahrlich sie haben von einem höhern Wasser, als dem Meer- und Quellwasser gesprochen. In jenem offenbaret sich nur das Urflüssige, wie es im flüssigen Metall zum Vorschein kommt, und darum mögen 10 die Menschen es immer auch nur göttlich verehren. Wie wenige haben sich noch in die Geheimnisse des Flüssigen vertieft und manchem ist die Ahndung des höchsten Genusses und Lebens wohl nie in der trunkenen Seele aufgegangen. Im Durste offenbaret sich diese Weltseele, diese gewaltige Sehnsucht nach dem 15 Zerfließen. Die Berauschten fühlen nur zu gut diese überirdische Wonne des Flüssigen, und am Ende sind alle angenehme Empfindungen in uns mannigfache Zerfließungen, Regungen jener Urgewässer in uns. Selbst der Schlaf ist nichts als die Flut jenes unsichtbaren Weltmeers, und das Erwachen das Eintreten der 20 Ebbe.

(1799)

II „Zu spät geboren" – Biografisches und Zeitgeschichtliches

1 Joseph von Eichendorff: Zu spät geboren

Goethe beginnt seine Autobiografie „Dichtung und Wahrheit" mit der astrologisch günstigen Sternenkonstellation zum Zeitpunkt seiner Geburt. Eichendorff spielt in einem autobiografischen Fragment mit diesem Topos und schildert, wie er bei
5 *seiner Geburt eine ähnlich günstige Konstellation um ein Haar verpasst habe – wegen eines Wutanfalls seiner Mutter.*

... ich wurde grade um anderthalb Minuten zu spät geboren.
10 Eine lumpige Spanne Zeit! und doch holt sie keiner wieder ein, das Glück ist einmal im Vorsprung, er im Nach-
15 trab, und es ist schlecht traben, wenn man vor lauter Eile mit der einen Hand in den falschen Ärmel gefahren,
20 und mit der andern, um keine Zeit zu verlieren, sich die Beinkleider halten muss. Um ein Haar ist er überall
25 der Erste, um ein Haar macht er die brillantsten Partien im Lande, um ein Haar bekommt er einen Lorbeerkranz im Morgenblatt und Orden mit Eichenlaub, Bändern und Schleifen wie ein Festochs; kurz; er findet überall ein Haar, bis er selber keins mehr auf dem Kopfe hat.
(1836)

Joseph von Eichendorff,
Zeichnung von Franz Theodor Kugler, 1830

II „Zu spät geboren" – Biografisches und Zeitgeschichtliches

2 Wolfgang Frühwald: Lebensspuren

Ein Jahr war Joseph von Eichendorff alt, als die Französische Revolution 1789 die alte Ordnung in Europa erschütterte und George Washington im gleichen Jahr erster Präsident der USA wurde. Achtzehn Jahre war er alt, als die antiquierte friderizianische Militärmaschinerie Preußens in der Schlacht bei Jena und Auerstedt eine vernichtende Niederlage erlitt und auf Napoleons Geheiß das tausendjährige Heilige Römische Reich deutscher Nation liquidiert wurde (1806). Mit fünfundzwanzig Jahren (1813) zog er begeistert für die innere und äußere Freiheit gegen Napoleon in den Krieg und kehrte enttäuscht und ernüchtert daraus zurück; mit siebenundzwanzig Jahren (1815) heiratet er, gegen den Willen der Mutter, die Tochter eines armen schlesischen Gutsbesitzers. Sein erster Sohn wurde fünf Monate nach der Hochzeit geboren, zu einem Zeitpunkt, da der Vater nochmals „einen Anfall von Patriotismus" erlitten und seine hochschwangere Frau, des Krieges wegen, allein in Berlin zurückgelassen hatte. Im Alter von dreiunddreißig Jahren bezog Eichendorff erstmals ein eigenes Gehalt, das ihm erlaubte, seine Familie zu ernähren, und er war achtunddreißig Jahre alt, als er, nach der Edition der Erzählung *Aus dem Leben eines Taugenichts*, seinen ersten größeren literarischen Erfolg erlebte. Zweiundvierzig Jahre schließlich war Eichendorff alt, ein erfahrener, in seinem beruflichen Ehrgeiz aber nie zufriedengestellter Beamter der preußischen Provinzialverwaltung, als die neuen revolutionären Erschütterungen in den Staaten Europas (1830) das Gespenst der Revolution als ein politisches Prinzip kenntlich machten, das von nun an die Geschichte der alten und der neuen Welt begleitete.

(1999)

3 Joseph von Eichendorff: Der Isegrimm

Aktenstöße nachts verschlingen,
Schwatzen nach der Welt Gebrauch,
Und das große Tretrad schwingen
Wie ein Ochs, das kann ich auch.

5 Aber glauben, dass der Plunder
Eben nicht der Plunder wär,
Sondern ein hochwichtig Wunder,
Das gelang mir nimmermehr.

Aber andre überwitzen[1],
10 Dass ich mit dem Federkiel
Könnt den morschen Weltbau stützen,
Schien mir immer Narrenspiel.

Und so, weil ich in dem Drehen
Da steh oft wie ein Pasquill[2]
15 Lässt die Welt mich eben stehen –
Mag sie's halten, wie sie will!
(1837)

---

[1] Hier: überzeugen.
[2] Spottgedicht.

4 Joseph von Eichendorff: Täuschung

Ich ruhte aus vom Wandern,
Der Mond ging eben auf,
Da sah ich fern im Lande
Der alten Tiber[1] Lauf,
Im Walde lagen Trümmer,
Paläste auf stillen Höhn
Und Gärten im Mondesschimmer –
O Welschland[2], wie bist du schön!

Und als die Nacht vergangen,
Die Erde blitzte so weit,
Einen Hirten sah ich hangen
Am Fels in der Einsamkeit.
Den fragt ich ganz geblendet:
Komm ich nach Rom noch heut?
Er dehnt' sich halbgewendet:
Ihr seid nicht recht gescheut!
Eine Winzerin lacht' herüber,
Man sah sie vor Weinlaub kaum,
Mir aber ging's Herze über –
Es war ja alles nur Traum.

(1837)

---

1 Eichendorff gebraucht den Flussnamen weiblich: die Tiber.
2 Italien.

5 Brief Eichendorffs an Friedrich de la Motte Fouqué

Breslau, 2. Dezember 1817

Verehrtester Herr Baron,
Ihrer gütigen Erlaubnis zufolge, wage ich es, Ihnen wieder etwas von meiner Poesie zuzuschicken, eine Novelle oder Märchen, zu dem irgendeine Anekdote aus einem alten Buche, ich glaube es waren Happelii Curiositates[1], die entfernte Veranlassung, aber weiter auch nichts, gegeben hat. Da mir nunmehr die Gegenwart in tausend verdrießlichen und eigentlich für alle Welt unersprießlichen Geschäften in eine fast lächerliche Nähe gerückt ist, gleich wie man ein großes Fresko-Gemälde nur aus einiger Entfernung betrachten muss, wenn man nicht vor den einzelnen groben Strichen erschrecken soll, so habe ich in vorliegendem Märchen versucht, mich in die Vergangenheit und in einen fremden Himmelsstrich zu flüchten, und betrachte dasselbe als einen Spaziergang in amtsfreien Stunden ins Freie hinaus. Ob ich nun auf einem so verzweifelten Spaziergang den Weg ins Freie und in die alte poetische Heimat gefunden habe, ob sich nicht vielmehr Aktenstaub statt Blumenstaub angesetzt hat, und ob demnach die ganze Novelle, so wie sie ist, der Aufnahme in Ihr schönes Frauentaschenbuch gewürdiget werden darf, überlasse ich, Herr Baron, Ihrem und Ihrer Gemahlin bewährtem Urteil, dem ich so gern und unbedingt vertraue. (...)
Mit innigster Verehrung

Ew. Hoch- und Wohlgeboren
ergebenster Freund und Diener
Joseph B[aron] v. Eichendorff.

---

1 Gemeint ist E. G. Happels Buch „Denkwürdigkeiten der Welt" von 1687.

II „Zu spät geboren" – Biografisches und Zeitgeschichtliches

6 Wolfgang Frühwald: Die Zeichen der neuen Zeit

Was hat diese Zeit [i.e. die Lebenszeit Eichendorffs] nicht alles erfahren, erlebt und erfunden, erahnt und verloren: Den ersten Weltkrieg der neueren europäischen Geschichte, die Auszehrung der Religion und die Sakralisierung der Politik, den Zerfall alter Dynastien und die Entstehung von Massenbewegungen, die völlige Umwertung von Begriffen wie Treue und Anhänglichkeit (in den Revolutionen gegenüber dem monarchischen Staat, im individuellen Leben durch die Möglichkeit der Ehescheidung auch für die Partnerschaft von Mann und Frau), sie sah „Eisenbahn, Dampfschifffahrt, Telegraf; das Entstehen größerer Fabrikbetriebe; die Intensivierung des Ackerbaus; die hellere Straße und das lichte Heim; die schnellere Feder und den billigen Brief; Nähmaschine und Stecknadel; Turnen und Kaltwasserhygiene –: diese Zeit macht den Menschen beweglicher und verjüngt ihn, macht ihm den Boden ertragreicher und befreit ihn vom Zwang der Scholle, macht ihm sein Heim lichter und öffnet ihm die Welt, verwischt die Standesunterschiede und züchtet das Proletariat – in dieser Zeit ist der Ruf einer Stimme, die an viele Ohren dringt, aber niemand vermag sie zu deuten." (Ernst Heilbronn, *Zwischen zwei Revolutionen*, S. 44) In dieser Welt ist „Erinnerung" an eine untergehende und untergegangene alte Welt ein wahrhaft kostbarer Besitz, und nur wenige wissen ihn zu bewahren. Eichendorffs ganzes Werk ist diesem Thema der Erinnerung, dem Gedächtnis und der Vergangenheit gewidmet, der Erinnerung an Kindheit und Jugend, an die Zeit des *ancien régime*, die aus den schlesischen Wäldern erst spät vertrieben wurde, an die Bruderliebe und das studentische Eigenleben, an die Illusionen der Lützower[1] in den Freiheitskriegen, an die Vorstellung eines gebildeten Beamtentums, welches die Einheit von Monarch und Volk repräsentiert, an die Zeit der Romantik und ihren Aufbruch in Jena, Halle und Heidelberg. „Dampf" und „Maschine" sind die Zeichen der neuen Zeit, in welche wenigstens die Erinnerung an eine Reise ohne Ziel in die Welt der Zwecke und der Ziele gerettet werden sollte.
(1999)

---

1 Das Lützow'sche Freikorps war eine Freiwilligeneinheit der preußischen Armee. Hier dienten vor allem Studenten.

7 Joseph von Eichendorff: Jetzt bauen sie Fabriken und Arbeiterkasernen ...

Dieser und der folgende Text sind den Lebenserinnerungen Eichendorffs entnommen, in denen er Kritik übt an der modernen Zeit.

Der Bürgerstand aber hatte längst dieselbe retrograde[1] Bewegung gemacht, wie der Adel. Seine ursprüngliche Bedeutung und Aufgabe war die Wiederbelebung der allmählich stagnierenden Gesellschaft durch neue bewegende Elemente, mit einem Wort: die Opposition gegen den verknöcherten Aristokratismus. In seiner frischen Jugend daher, da er noch mit dem Rittertum um die Weltherrschaft gerungen, atmete er wesentlich einen republikanischen Geist. Die Städte regierten und verteidigten sich selbst, ihre streng gegliederten Handwerker-Innungen waren zugleich eine kriegerische Verbrüderung zu Schutz und Trutz, und die Handelsfahrten in die ferne Fremde erweiterten ihr geistiges Gebiet weit über den beschränkten Gesichtskreis der einsam lebenden Ritter hinaus; da war überall ein rüstiges Treiben, Erfinden, Wagen, Bauen und Bilden, wovon ihre Münster, sowie ihre welthistorische Hansa ein ewig denkwürdiges Zeugnis geben. Nachdem aber draußen die Burgen gebrochen und somit die bewegenden Ideen der zu erobernden Reichsfreiheit abgenutzt und verbraucht waren, fingen sie nach menschlicher Weise an, die materiellen Mittel, womit ihre jugendliche Begeisterung so Großes geleistet, als Selbstzweck zu betrachten; (...)

In ihrer schönen Jugendzeit hatten sie die Buchdruckkunst um der Wissenschaft willen ersonnen, und um Gottes willen Kirchen gebaut, an deren kühnen Pfeilern und Türmen die heutigen Geschlechter schwindelnd emporschauen. Jetzt bauen sie Fabriken und Arbeiterkasernen, erfanden klappernde Maschinen zum Spinnen und Weben, und, es ist offenbar, die Industrie wuchs zusehends weit und breit. Aber wir dürfen uns keine Illusionen machen. Die Industrie an sich ist eine ganz gleichgültige Sache, sie erhält nur durch die Art ihrer Verwendung und Beziehung auf höhere Lebenszwecke Wert und Bedeutung.

(1857)

8 Joseph von Eichendorff: Diese barbarische Gleichmacherei ...

Fast noch unmittelbarer berührte jedoch den Adel der gleichzeitig zur Herrschaft gelangte Kosmopolitismus, jener seltsame „Überall und Nirgends", der in aller Welt, und also recht eigentlich nirgend zu Hause war. Aus allen möglichen und unmöglichen Tugenden hatte man für das gesamte Menschengeschlecht eine prächtige Bürgerkrone verfertiget, die auf alle Köpfe passen sollte, als sei die Menschheit ein bloßes Abstraktum und nicht vielmehr ein lebendiger Föderativstaat der verschiedensten Völker-Individuen. Alle Geschichte, alles Nationale und Eigentümliche wurde sorgfältigst verwischt, die Schulbücher, die Romane und Schauspiele predigten davon; was Wunder, dass die Welt es endlich glaubte! Der Adel aber war durchaus historisch, seine Stammbäume wurzelten gerade in dem Boden ihres speziellen Vaterlandes, der ihnen nun plötzlich unter den Füßen hinwegphilosophiert wurde. Diese barbarische Gleichmacherei, dieses Verschneiden des frischen Lebensbaumes nach einem eingebildeten Maße war die größte Sklaverei; denn was wäre denn die Freiheit anderes, als eben die möglichst ungehinderte Entwickelung der geistigen Eigentümlichkeit?

(1857)

---

1 Hier: rückwärtsgerichtet.

III Eichendorff und die Romantik

1 Kritik an der Aufklärung

1.1 August Wilhelm Schlegel: Unser Gemüt teilt sich zwischen Licht und Dunkel

Auch unser Gemüt teilt sich wie die äußere Welt zwischen Licht und Dunkel, und der Wechsel von Tag und Nacht ist ein sehr treffendes Bild unseres geistigen Daseins. (Mephistopheles im Faust: Glaub unser einem, dieses Ganze.) Der Sonnenschein
5 ist die Vernunft als Sittlichkeit auf das tätige Leben angewandt, wo wir an die Bedingungen der Wirklichkeit gebunden sind. Die Nacht aber umhüllt diese mit einem wohltätigen Schleier und eröffnet uns dagegen durch die Gestirne die Aussicht in die Räume der Möglichkeit; sie ist die Zeit der Träume. Einige
10 Dichter haben den gestirnten Himmel so vorgestellt, als ob die Sonne nach Endigung ihrer Laufbahn in alle jene unzähligen leuchtenden Funken zerstöbe: dies ist ein vortreffliches Bild für das Verhältnis der Vernunft und Fantasie: in den verlorensten Ahnungen dieser ist noch Vernunft; beide sind gleich schaffend
15 und allmächtig, und ob sie sich wohl unendlich entgegengesetzt scheinen, indem die Vernunft unbedingt auf Einheit dringt, die Fantasie in grenzenloser Mannigfaltigkeit ihr Spiel treibt, sind sie doch die gemeinschaftliche Grundkraft unseres Wesens. Was schon in den alten Kosmogonien[1] gelehrt ward, dass die
20 Nacht die Mutter aller Dinge sei, dies erneuert sich in dem Leben eines jeden Menschen: aus dem ursprünglichen Chaos gestaltet sich ihm durch Liebe und Hass, durch Sympathie und Antipathie die Welt. Eben auf dem Dunkel, worin sich die Wurzel unseres Daseins verliert, auf dem unauslöslichen Geheimnis beruht der
25 Zauber des Lebens, dies ist die Seele aller Poesie. Die Aufklärung nun, welche gar keine Ehrerbietung vor dem Dunkel hat, ist folglich die entschiedenste Gegnerin jener und tut ihr allen möglichen Abbruch. Man beobachte einmal die Art, wie Kinder die Sprache erlernen, wie sie da in guter Zuversicht sich ins

---

[1] Lehren von der Entstehung der Welt.

III Eichendorff und die Romantik

Unverständliche hineinbegeben; wenn sie auf Verständlichkeit warten wollten, so würden sie niemals anfangen zu sprechen. Man kann aber bemerkten, dass die Worte ganz magisch auf sie wirken, wie Formeln, mit denen man etwas herbei- und wegbannen kann, daher die uneigentlichsten und fremdesten Redensarten, welche sie unmöglich in ihre Bestandteile auflösen können, ihnen unmittelbar einleuchten und beruhigende Kraft mit sich führen. Deswegen kommt auch nichts darauf an, dass sie die Metapher eher erfahren als den eigentlichen Ausdruck, das Zusammengesetzte und Abgeleitete eher als das Einfache und Ursprüngliche, und dabei alles fragmentarisch und chaotisch. Ja, wenn es möglich wäre, ihnen die Sprache durch einen methodischen Unterricht beizubringen, nach den Klassen der Wörter, der Ableitung und Zusammensetzung, ferner nach den Formen der Biegung und den Regeln der Verknüpfung, endlich nach der Übertragung vom Eigentlichen aufs Bildliche, so würde ihnen die Sprache lebenslang nur ein äußerliches Werkzeug bleiben, eine Ziffernsammlung, aus a+b, x, und anderen solchen algebraischen Zeichen bestehend. Dass sie uns etwas wahrhaft Innerliches ist, wodurch wir unser Gemüt offenbaren, und auch in anderen gleichen Wirkungen hervorzurufen hoffen, verdanken wir bloß jener anfänglichen Einprägung gleichsam durch eine Reihe von Machtsprüchen. Die kindliche Ansicht der Sprache, die sich so ganz an den Laut hängt, ist der poetischen am nächsten, wie schon der Gebrauch des Silbenmaßes in der Poesie beweist.

(1802)

2 Die romantische Dichtart

2.1 Friedrich Schlegel: Romantische Universalpoesie

Die romantische Poesie ist eine progressive Universalpoesie. Ihre Bestimmung ist nicht bloß, alle getrennte Gattungen der Poesie wieder zu vereinigen, und die Poesie mit der Philosophie und Rhetorik in Berührung zu setzen. Sie will, und soll auch Poesie und Prosa, Genialität und Kritik, Kunstpoesie und Naturpoesie bald mischen, bald verschmelzen, die Poesie lebendig und gesellig, und das Leben und die Gesellschaft poetisch machen, den Witz poetisieren, und die Formen der Kunst mit gediegnem Bildungsstoff jeder Art anfüllen und sättigen, und durch die Schwingungen des Humors beseelen. Sie umfasst alles, was nur poetisch ist, vom größten wieder mehre Systeme in sich enthaltenden Systeme der Kunst, bis zu dem Seufzer, dem Kuss, den das dichtende Kind aushaucht in kunstlosen Gesang. Sie kann sich so in das Dargestellte verlieren, dass man glauben möchte, poetische Individuen jeder Art zu charakterisieren, sei ihr Ein und Alles; und doch gibt es noch keine Form, die so dazu gemacht wäre, den Geist des Autors vollständig auszudrücken: sodass manche Künstler, die nur auch einen Roman schreiben wollten, von ungefähr sich selbst dargestellt haben. Nur sie kann gleich dem Epos ein Spiegel der ganzen umgebenden Welt, ein Bild des Zeitalters werden. Und doch kann auch sie am meisten zwischen dem Dargestellten und dem Darstellenden, frei von allem realen Interesse auf den Flügeln der poetischen Reflexion in der Mitte schweben, diese Reflexion immer wieder potenzieren und wie in einer endlosen Reihe von Spiegeln vervielfachen. Sie ist der höchsten und der allseitigsten Bildung fähig; nicht bloß von innen heraus, sondern auch von außen hinein; indem sie jedem, was ein Ganzes in ihren Produkten sein soll, alle Teile ähnlich organisiert, wodurch ihr die Aussicht auf eine grenzenlos wachsende Klassizität eröffnet wird. Die romantische Poesie ist unter den Künsten, was der Witz der Philosophie, und die Gesellschaft, Umgang, Freundschaft und Liebe im Leben ist. Andre Dichtarten sind fertig, und können nun vollständig zergliedert werden. Die romantische Dichtart ist noch im Werden; ja das ist ihr eigentliches Wesen, dass sie ewig nur werden, nie vollendet sein kann. Sie kann durch keine Theorie erschöpft werden, und nur eine divinatorische Kritik dürfte es wagen, ihr Ideal charakterisieren zu wollen. Sie allein ist unendlich, wie sie allein frei ist, und das als ihr erstes Gesetz anerkennt, dass die Willkür des Dichters kein Gesetz über sich leide. Die romantische Dichtart ist die einzige, die mehr als Art, und gleichsam die Dichtkunst selbst ist: denn in einem gewissen Sinn ist oder soll alle Poesie romantisch sein.

(1798)

2.2 Joseph von Eichendorff: Emanzipation der Subjektivität ...

Alle Poesie ist nur der Ausdruck, gleichsam der seelische Leib der inneren Geschichte der Nation; die innere Geschichte der Nation aber ist ihre Religion; es kann daher die Literatur eines Volkes nur gewürdigt und verstanden werden im Zusammenhange mit dem jedesmaligen religiösen Standpunkt derselben. So erscheint auch die deutsche Poesie der neuern Zeit von der sogenannten Reformation und deren verschiedenen Entwickelungen und Verwickelungen wesentlich bedingt. Die Reformation aber hat *einen*, durch alle ihre Verwandlungen hindurchgehenden Faden: Sie hat die revolutionäre Emanzipation der Subjektivität zu ihrem Prinzip erhoben, indem sie die Forschung über die kirchliche Autorität, das Individuum über das Dogma gesetzt; und seitdem sind alle literarischen Bewegungen des nördlichen Deutschlands mehr oder minder kühne Demonstrationen nach dieser Richtung hin gewesen.

(1846)

2.3 Novalis: (Wenn nicht mehr Zahlen und Figuren)

Wenn nicht mehr Zahlen und Figuren
Sind Schlüssel aller Kreaturen
Wenn die so singen, oder küssen,
Mehr als die Tiefgelehrten wissen,
5 Wenn sich die Welt ins freie Leben
Und in die Welt wird zurückbegeben,
Wenn dann sich wieder Licht und Schatten
Zu echter Klarheit wieder gatten,
Und man in Märchen und Gedichten
10 Erkennt die wahren Weltgeschichten,
Dann fliegt vor einem geheimen Wort
Das ganze verkehrte Wesen fort.
(1800)

> Schließe dein leibliches Auge, damit du mit dem geistigen Auge zuerst siehest dein Bild. Dann fördere zutage, was du im Dunkeln gesehen, dass es zurückwirke auf andere von außen nach innen.
>
> *Caspar David Friedrich, 1830*

Caspar David Friedrich (1774–1840): Frau in der Morgensonne, um 1818, Öl auf Leinwand

3 Die Macht der Träume

3.1 Gotthilf Heinrich Schubert: Die Sprache des Traumes

Im Traume, und schon in jenem Zustande des Deliriums, der meist vor dem Einschlafen vorhergeht, scheint die Seele eine ganz andre Sprache zu sprechen als gewöhnlich. Gewisse Naturgegenstände oder Eigenschaften der Dinge bedeuten jetzt auf einmal Personen, und umgekehrt stellen sich uns gewisse Eigenschaften oder Handlungen unter dem Bilde von Personen dar. Solange die Seele diese Sprache redet, folgen ihre Ideen einem andern Gesetz der Assoziation als gewöhnlich, und es ist nicht zu leugnen, dass jene neue Ideenverbindung einen viel rapideren, geisterhafteren und kürzeren Gang oder Flug nimmt als die des wachen Zustandes, wo wir mehr mit unsern Worten denken. Wir drücken in jener Sprache durch einige wenige hieroglyphische, seltsam aneinandergefügte Bilder, die wir uns entweder schnell nacheinander oder auch nebeneinander und auf einmal vorstellen, in wenig Momenten mehr aus, als wir mit Worten in ganzen Stunden auseinanderzusetzen vermöchten; erfahren in dem Träume eines kurzen Schlummers öfters mehr, als im Gange der gewöhnlichen Sprache in ganzen Tagen geschehen könnte, und das ohne eigentliche Lücken, in einem in sich selber regelmäßigen Zusammenhange, der nur freilich ein ganz eigentümlicher, ungewöhnlicher ist.
Ohne dass wir deshalb gerade dem Traume vor dem Wachen, dem Närrischsein vor der Besonnenheit einen Vorzug geben wollen, dürfen wir uns doch nicht leugnen: dass jene Abbreviaturen- und Hieroglyphensprache der Natur des Geistes in vieler Hinsicht angemessener erscheine als unsre gewöhnliche Wortsprache. Jene ist unendlich viel ausdrucksvoller, umfassender, der Ausgedehntheit in die Zeit viel minder unterworfen als diese. Die letztere müssen wir erst erlernen, dagegen ist uns jene angeboren, und die Seele versucht diese ihr eigentümliche Sprache zu reden, sobald sie im Schlafe oder Delirio aus der gewöhnlichen Verkettung etwas los und frei geworden.
(1808)

3.2 Novalis: Die blaue Blume

In Novalis' Roman „Heinrich von Ofterdingen" träumt die Titelfigur einen bedeutungsvollen Traum.

Der Jüngling verlor sich allmählich in süßen Fantasien und entschlummerte. (...)
Endlich gelangte er zu einer kleinen Wiese, die am Hange des Berges lag. Hinter der Wiese erhob sich eine hohe Klippe, an deren Fuß er eine Öffnung erblickte, die der Anfang eines in den Felsen gehauenen Ganges zu sein schien. Der Gang führte ihn gemächlich eine Zeit lang eben fort, bis zu einer großen Weitung, aus der ihm schon von fern ein helles Licht entgegenglänzte. Wie er hineintrat, ward er einen mächtigen Strahl gewahr, der wie aus einem Springquell bis an die Decke des Gewölbes stieg, und oben in unzählige Funken zerstäubte, die sich unten in einem großen Becken sammelten; der Strahl glänzte wie entzündetes Gold; nicht das mindeste Geräusch war zu hören, eine heilige Stille umgab das herrliche Schauspiel. Er näherte sich dem Becken, das mit unendlichen Farben wogte und zitterte. Die Wände der Höhle waren mit dieser Flüssigkeit überzogen, die nicht heiß, sondern kühl war, und an den Wänden nur ein mattes, bläuliches Licht von sich warf. Er tauchte seine Hand in das Becken und benetzte seine Lippen. Es war, als durchdränge ihn ein geistiger Hauch, und er fühlte sich innigst gestärkt und erfrischt. Ein unwiderstehliches Verlangen ergriff ihn sich zu baden, er entkleidete sich und stieg in das Becken. Es dünkte ihn, als umflösse ihn eine Wolke des Abendrots, eine himmlische Empfindung überströmte sein Inneres; mit inniger Wollust strebten unzählbare Gedanken in ihm sich zu vermischen; neue, nie gesehene Bilder entstanden, die auch ineinanderflossen und zu sichtbaren Wesen um ihn wurden, und jede Welle des lieblichen Elements schmiegte sich wie ein zarter Busen an ihn. Die Flut schien eine Auflösung reizender Mädchen, die an dem Jünglinge sich augenblicklich verkörperten.
Berauscht von Entzücken und doch jedes Eindrucks bewusst, schwamm er gemach dem leuchtenden Strome nach, der aus dem Becken in den Felsen hineinfloss. (...)

III Eichendorff und die Romantik

Was ihn aber mit voller Macht anzog, war eine hohe lichtblaue Blume, die zunächst an der Quelle stand, und ihn mit ihren breiten, glänzenden Blättern berührte. Rund um sie her standen unzählige Blumen von allen Farben, und der köstlichste Geruch erfüllte die Luft. Er sah nichts als die blaue Blume, und betrachtete sie lange mit unnennbarer Zärtlichkeit. Endlich wollte er sich ihr nähern, als sie auf einmal sich zu bewegen und zu verändern anfing; die Blätter wurden glänzender und schmiegten sich an den wachsenden Stängel, die Blume neigte sich nach ihm zu, und die Blütenblätter zeigten einen blauen ausgebreiteten Kragen, in welchem ein zartes Gesicht schwebte. Sein süßes Staunen wuchs mit der sonderbaren Verwandlung, als ihn plötzlich die Stimme seiner Mutter weckte, und er sich in der elterlichen Stube fand, die schon die Morgensonne vergoldete. Er war zu entzückt, um unwillig über diese Störung zu sein; vielmehr bot er seiner Mutter freundlich guten Morgen und erwiderte ihre herzliche Umarmung.

(1802)

III Eichendorff und die Romantik

3.3 Joseph von Eichendorff: Die Nachtblume

Nacht ist wie ein stilles Meer,
Lust und Leid und Liebesklagen
Kommen so verworren her
In dem linden Wellenschlagen.

5 Wünsche wie die Wolken sind,
Schiffen durch die stillen Räume,
Wer erkennt im lauen Wind
Ob's Gedanken oder Träume? –

Schließ' ich nun auch Herz und Mund,
10 Die so gern den Sternen klagen:
Leise doch im Herzensgrund
Bleibt das linde Wellenschlagen.

(1837)

3.4 Joseph von Eichendorff: (Denkst du des Schlosses noch auf stiller Höh?)

Denkst du des Schlosses noch auf stiller Höh?
Das Horn ruft nächtlich dort, als ob's dich riefe,
Am Abgrund grast das Reh,
Es rauscht der Wald verwirrend aus der Tiefe –
O stille! wecke nicht! es war, als schliefe
Da drunten unnennbares Weh. –

Kennst du den Garten? – Wenn sich Lenz erneut,
Geht dort ein Fräulein auf den kühlen Gängen
Still durch die Einsamkeit
Und weckt den leisen Strom von Zauberklängen,
Als ob die Bäume und die Blumen sängen,
Von der alten schönen Zeit.

Ihr Wipfel und ihr Brunnen, rauscht nur zu!
Wohin du auch in wilder Flucht magst dringen:
Du findest nirgends Ruh!
Erreichen wird dich das geheime Singen,
In dieses Sees wunderbaren Ringen
Gehn wir doch unter, ich und du! –
(1833)

III Eichendorff und die Romantik

4 Die Romantik im Bild

Philipp Otto Runge (1777–1810): Der Morgen, 1808, Öl auf Leinwand

III Eichendorff und die Romantik

Caspar David Friedrich (1774–1840): Mondaufgang am Meer, 1822, Öl auf Leinwand

Johann Heinrich Füssli (1741–1825): Der Nachtmahr, 1781, Öl auf Leinwand

5 Kritik an der Romantik

5.1 Joseph von Eichendorff: Losgelöste Fantasie

Sie [i.e. die Romantiker] hatten die Fantasie von den Banden des Verstandes gelöst, aber die Befreite war ihnen plötzlich davongefahren und über Wipfel und Gipfel in wüstem Flug bis in jenes unwirtbare Leer hinausgestürzt, wo der Himmel dunkel, und die Erde nur noch in gespensterhafter Luftspiegelung erscheint. Treffend daher sagte damals Jean Paul: „Unstreitig ist jetzt die Bella Donna (wie man die Tollkirsche nennt) unserer Muse Prima Donna und Madonna, und wir leben im poetischen Tollkirschenfest."
Es war das letzte auflockende Knistern der Flamme, die bereits allen Inhalt verzehrt hatte, und der endliche Sprung aus dieser Fantasterei zu dem neuesten Nihilismus hat hiernach kaum etwas Befremdendes mehr. Erging es doch längst schon den Romantikern ungefähr wie den römischen Auguren, die bei ihren feierlichen Weissagungen einander nicht ohne heimliches Lachen ins Gesicht sehen konnten. Prozessionsmüde von ihrer Wallfahrt aus dem heiligen Lande zurückgekehrt, fühlten sie eine menschliche Sehnsucht nach den Fleischtöpfen der irdischen Heimat, und schämten sich ihrer armen, schäbig gewordenen Pilgertracht vor der daheimgebliebenen Geistreichigkeit, die ihrerseits nicht unterließ, die Zurückgekehrten mit einer Marseillaise großmütig einzuholen. *Heinrich Heine*, ursprünglich selbst noch Romantiker, macht den Übergang, indem er aller Poesie das Teufelchen frivoler Ironie anhängt, das jubelnd ausruft: Seht da, wie hübsch, Ihr guten Leute! aber glaubt ja nicht etwa, dass ich selber an das Zeug glaube! Fast jedes seiner schönen Lieder schließt mit solchem Selbstmorde. Die Zeit hatte allgemach den Romantikern hinter die Karte geguckt, und insgeheim Ekel und Langeweile vor dem hohen Spiel überkommen. Das sprach Heine frech und witzig aus, und der alte Bann war gelöst.
So gefährlich ist es, mit dem Heiligen zu spielen. Denn wer hochmütig oder schlau die ewigen Wahrheiten und Geheimnisse als beliebigen Dichtungsstoff zu überschauen vermeint, wer die Religion, die nicht dem Glauben, dem Verstande oder der Poesie

allein, sondern allen dreien, dem ganzen Menschen angehört, bloß mit der Fantasie in ihren einzelnen Schönheiten willkürlich zusammenrafft, der wird zuletzt ebenso gern an den griechischen Olymp glauben, als an das Christentum, und eins mit dem andern verwechseln und versetzen, bis der ganze Himmel öde und leer wird. Wahrlich! die rechte Poesie liegt ebenso sehr in der Gesinnung, als in den lieblichen Talenten, die erst durch die Art ihres Gebrauches groß und bedeutend werden.

(1846)

IV Frauenbilder – Zwischen Venus und Maria

1 Friedrich Schlegel: Eine solche Frau ...

Die Zeitgenossen waren schockiert von Schlegels Roman „Lucinde", in der der Ich-Erzähler freizügig sein Frauenideal schildert – jenseits von Ehe und bürgerlichen Konventionen.

Ja! ich würde es für ein Märchen gehalten haben, dass es solche Freude gebe und solche Liebe, wie ich nun fühle, und eine solche Frau, die mir zugleich die zärtlichste Geliebte und die beste Gesellschaft wäre und auch eine vollkommene Freundin. Denn in der Freundschaft besonders suchte ich alles, was ich entbehrte und was ich in keinem weiblichen Wesen zu finden hoffte. In dir habe ich es alles gefunden und mehr als ich zu wünschen vermochte: aber du bist auch nicht wie die andern. Was Gewohnheit oder Eigensinn weiblich nennen, davon weißt du nichts. Außer den kleinen Eigenheiten besteht die Weiblichkeit deiner Seele bloß darin, dass Leben und Lieben für sie gleich viel bedeutet; du fühlst alles ganz und unendlich, du weißt von keinen Absonderungen, dein Wesen ist Eins und unteilbar. Darum bist du so ernst und so freudig: darum nimmst du alles so groß und so nachlässig, und darum liebst du mich auch ganz und überlässt keinen Teil von mir etwa dem Staate, der Nachwelt oder den männlichen Freunden. Es gehört dir alles und wir sind uns überall die nächsten und verstehn uns am besten. Durch alle Stufen der Menschheit gehst du mit mir von der ausgelassensten Sinnlichkeit bis zur geistigsten Geistigkeit und nur in dir sah ich wahren Stolz und wahre weibliche Demut.

Das äußerste Leiden, wenn es uns nur umgäbe, ohne uns zu trennen, würde mir nichts scheinen als ein reizender Gegensatz für den hohen Leichtsinn unsrer Ehe. Warum sollten wir nicht die herbeste Laune des Zufalls für schönen Witz und ausgelassene Willkür nehmen, da wir unsterblich sind wie die Liebe? Ich kann nicht mehr sagen, meine Liebe oder deine Liebe; beide sind sich gleich und vollkommen Eins, so viel Liebe als Gegenliebe. Es ist Ehe, ewige Einheit und Verbindung unsrer Geister,

IV Frauenbilder – Zwischen Venus und Maria

nicht bloß für das was wir diese oder jene Welt nennen, sondern für die eine wahre, unteilbare, namenlose, unendliche Welt, für unser ganzes ewiges Sein und Leben. Darum würde ich auch, wenn es mir Zeit schiene, ebenso froh und ebenso leicht eine Tasse Kirschlorbeerwasser[1] mit dir ausleeren, wie das letzte Glas Champagner, was wir zusammen tranken, mit den Worten von mir: „So lass uns den Rest unsers Lebens austrinken." – So sprach und trank ich eilig, ehe der edelste Geist des Weins verschäumte; und so, das sage ich noch einmal, so lass uns leben und lieben. Ich weiß, auch du würdest mich nicht überleben wollen, du würdest dem voreiligen Gemahle auch im Sarge folgen, und aus Lust und Liebe in den flammenden Abgrund steigen, in den ein rasendes Gesetz die indischen Frauen zwingt und die zartesten Heiligtümer der Willkür durch grobe Absicht und Befehl entweiht und zerstört. (...)
Wie könnte uns die Entfernung entfernen, da uns die Gegenwart selbst gleichsam zu gegenwärtig ist. Wir müssen ihre verzehrende Glut in Scherzen lindern und kühlen und so ist uns die witzigste unter den Gestalten und Situationen der Freude auch die schönste. Eine unter allen ist die witzigste und die schönste: wenn wir die Rollen vertauschen und mit kindischer Lust wetteifern, wer den andern täuschender nachäffen kann, ob dir die schonende Heftigkeit des Mannes besser gelingt, oder mir die anziehende Hingebung des Weibes. Aber weißt du wohl, dass dieses süße Spiel für mich noch ganz andre Reize hat als seine eignen? Es ist auch nicht bloß die Wollust der Ermattung oder das Vorgefühl der Rache. Ich sehe hier eine wunderbare sinnreiche bedeutende Allegorie auf die Vollendung des Männlichen und Weiblichen zur vollen ganzen Menschheit. Es liegt viel darin, und was darin liegt, steht gewiss nicht so schnell auf wie ich, wenn ich dir unterliege.

(1799)

---

1 Tödlich wirkendes Gift.

IV Frauenbilder – Zwischen Venus und Maria

2 Clemens Brentano: Sie ward sonderbar durch mich erregt

Brentanos Roman „Godwi" besteht aus einer Vielzahl fiktiver Dokumente (Briefe, Gespräche etc.), aus denen sich nach und nach die Geschichte Karl Godwis zusammenfügt.
Im Folgenden berichtet Godwi, wie er Molly, eine ehemalige Geliebte seines Vaters, trifft.

Als ich nach B. kam, ward ich mit Molly bekannt, von deren Zusammenhang mit mir ich nichts wusste.
Die Frau war noch sehr schön, und es hatte mich vorher noch kein Weib in die Arme gefasst. Sie öffnete mir einen ganz neuen Sinn fürs Leben, ich habe von niemand mehr gelernt, als von ihr.
Sie ward sonderbar durch mich erregt, ihre Schwärmerei besiegte ihre Erfahrung, und sie beweist in ihrem Briefe an Joseph, (...) dass keine sogenannte Besserung möglich sei, wenn man das als Sünde annimmt, was unmittelbar aus dem Zentrum unsers Daseins aufflammt. Sie war als ein sinnliches Weib erschaffen worden, und war so unschuldig geblieben, wie sie Gott erschaffen hatte, das heißt sinnlich, und hatte ihr die Natur nicht einen Fingerzeig gegeben, sollte sie etwa begehrend, und liebenswürdig geblieben sein länger als die meisten, um das Rettungsmittel der Moral anzuwenden, da sie nicht zu Grunde gegangen war.
Es klingt paradox, sagte ich, aber es ist doch wahr, wer zur Wollust geboren ist, und sie nicht übt, führt ein recht lasterhaftes Leben. Es ist nichts Unkeuscheres, als ein recht sinnliches Mädchen, das keusch ist, und eine Violette[1], die sich bekehrt, verliert ihre Unschuld. Der Staat aber ist nur auf eine Gattung eingerichtet, und besteht aus sehr schlechten Menschen, weil ein Teil gut, und der andere schlecht werden muss, um tugendhaft zu sein, wie es der Staat will –.
(1801)

---

1 Gemeint ist „leichtes Mädchen".

IV Frauenbilder – Zwischen Venus und Maria

Franz von Stuck (1863–1928): Die Sinnlichkeit, 1891, Öl auf Leinwand

IV Frauenbilder – Zwischen Venus und Maria

3 Clemens Brentano: (Die Welt war mir zuwider)

Die Welt war mir zuwider
Die Berge lagen auf mir
Der Himmel war mir zu nieder
Ich sehnte mich nach dir, nach dir,
5   O lieb Mädel, wie schlecht bist du!

Ich trieb wohl durch die Gassen
Zwei lange Jahre mich
An den Ecken musst' ich passen
Und harren nur auf dich, auf dich.
10 O lieb Mädchen, wie schlecht bist du!

Und alle Liebeswunden
Die brachen auf in mir
Als ich dich endlich gefunden
Ich lebt' und starb in dir, in dir!
15 O lieb Mädel, wie schlecht bist du!

Ich hab' vor deiner Türe
Die hellgestirnte Nacht,
Dass dich mein Lieben rühre
Oft liebeskrank durchwacht.
20 O lieb Mädel, wie schlecht bist du!

Ich ging nicht zu dem Feste
Trank nicht den edlen Wein
Ertrug den Spott der Gäste
Um nur bei dir zu sein.
25 O lieb Mädel, wie schlecht bist du!

Bin zitternd zu dir gekommen
Als wärst du ein Jungfräulein,
Hab' dich in Arm genommen
Als wärst du mein allein, allein.
30 O lieb Mädel, wie schlecht bist du!

IV Frauenbilder – Zwischen Venus und Maria

Wie schlecht du sonst gewesen
Vergaß ich liebend in mir
Und all dein elendes Wesen
Vergab ich herzlich dir ach dir,
O lieb Mädel, wie schlecht bist du! 35

Als du mir nackt gegeben
Zur Nacht den kühlen Trank
Vergiftetest du mein Leben,
Da war meine Seele so krank so krank,
O lieb Mädel, wie schlecht bist du! 40

Bergab bin ich gegangen
Mit dir zu jeder Stund,
Hab' fest an dir gehangen
Und ging mit dir zu Grund.
O lieb Mädel, wie schlecht bist du! 45

Es hat sich an der Wunde
Die Schlange fest gesaugt
Hat mit dem gift'gen Munde
Den Tod in mich gehaucht.
O lieb Mädel, wie schlecht bist du! 45

Und ach in all den Peinen
War ich nur gut und treu
Dass ich mich nannt' den Deinen
Ich nimmermehr bereu', bereu'.
O lieb Mädel, wie schlecht bist du! 50
(1812)

4 Friedrich de la Motte Fouqué: Wassergeister

Friedrich de la Motte Fouqués überaus erfolgreiche Erzählung „Undine" greift ein in zahlreichen Märchen und Sagen verbreitetes Motiv auf – ein weibliches Wesen aus einer Geisterwelt, hier dem Wasserreich, wird einem Menschenmann zum Verhängnis.
Die Wasserfrau Undine verliebt sich in einen Ritter. Im Folgenden erzählt sie dem Geliebten Huldbrand von der Welt der Wassergeister. Die Geschichte endet tragisch – Huldbrand wird Undine untreu und muss dafür mit dem Leben bezahlen.

„Du sollst wissen, mein süßer Liebling, dass es in den Elementen Wesen gibt, die fast aussehen wie ihr und sich doch nur selten vor euch blicken lassen. In den Flammen glitzern und spielen die wunderlichen Salamander, in der Erden tief hausen, die dürren tückischen Gnomen, durch die Wälder streifen die Waldleute, die der Luft angehören, und in den Seen und Strömen und Bächen lebt der Wassergeister ausgebreitetes Geschlecht. In klingenden Kristallgewölben, durch die der Himmel mit Sonn' und Sternen hereinsieht, wohnt sich's schön; hohe Korallenbäume mit blau und roten Früchten leuchten in den Gärten, über reinlichen Meeressand wandelt man und über schöne, bunte Muscheln, und was die alte Welt des also Schönen besaß, dass die heutige nicht mehr sich dran zu freuen würdig ist, das überzogen die Fluten mit ihren heimlichen Silberschleiern, und unten prangen nun die edlen Denkmale, hoch und ernst und anmutig betaut vom liebenden Gewässer, das aus ihnen schöne Moosblumen und kränzende Schilfbüschel hervorlockt. Die aber dort wohnen, sind gar hold und lieblich anzuschauen, meist schöner als die Menschen sind. Manch einem Fischer ward es schon so gut, ein zartes Wasserweib zu belauschen, wie sie über die Fluten hervorstieg und sang. Der erzählte dann von ihrer Schöne weiter, und solche wundersame Frauen werden von den Menschen Undinen genannt. Du aber siehst jetzt wirklich eine Undine, lieber Freund." (...)
„Wir wären weit besser daran, als ihr andern Menschen; – denn Menschen nennen wir uns auch, wie wir es denn der Bildung

und dem Leibe nach sind; – aber es ist ein gar Übles dabei. Wir sind unsresgleichen in den andern Elementen, wir zerstieben und vergehen mit Geist und Leib, dass keine Spur von uns rückbleibt, und wenn ihr andern dermaleinst zu einem reinen Leben erwacht, sind wir geblieben, wo Sand und Funk' und Wind und Welle blieb. Darum haben wir auch keine Seelen; das Element bewegt uns, gehorcht uns oft, solange wir leben, zerstäubt uns immer, sobald wir sterben, und wir sind lustig, ohne uns irgend zu grämen, wie es die Nachtigallen und Goldfischlein und andre hübsche Kinder der Natur ja gleichfalls sind. Aber alles will höher, als es steht. So wollte mein Vater, der ein mächtiger Wasserfürst im Mittelländischen Meere ist, seine einzige Tochter solle einer Seele teilhaftig werden, und müsse sie darüber auch viele Leiden der beseelten Leute bestehen. Eine Seele aber kann unsersgleichen nur durch den innigsten Verein der Liebe mit einem eures Geschlechtes gewinnen. Nun bin ich beseelt, dir dank ich die Seele, o du unaussprechlich Geliebter, und dir werd' ich es danken, wenn du mich auch mein ganzes Leben hindurch elend machst. Denn was soll aus mir werden, wenn du mich scheuest und mich verstößest? Durch Trug aber mocht' ich dich nicht behalten. Und willst du mich verstoßen, so tu es nun, so geh allein ans Ufer zurück. Ich tauche mich in diesen Bach, der mein Oheim ist und hier im Walde sein wunderliches Einsiedlerleben, von den übrigen Freunden entfernet, führt. Er ist aber mächtig und vielen großen Strömen wert und teuer, und wie er mich herführte zu den Fischern, mich leichtes und lachendes Kind, wird er mich auch wieder heimführen zu den Eltern, mich beseelte, liebende, leidende Frau."

(1811)

IV Frauenbilder – Zwischen Venus und Maria

> Christus ist jetzt verschiedentlich *a priori* deduziert[1] worden: aber sollte die Madonna nicht ebenso viel Anspruch haben, auch ein ursprüngliches, ewiges, notwendiges Ideal wenn gleich nicht der reinen, doch der weiblichen und männlichen Vernunft zu sein?
>
> *Friedrich Schlegel, 1799*

5 Joseph von Eichendorff: Mariä Sehnsucht

Es ging Maria in den Morgen hinein,
Tat die Erde einen lichten Liebesschein,
Und über den fröhlichen grünen Höhn
Sah sie den blaulichen Himmel weit stehn.
5 „Ach! Hätt ich ein Brautkleid von Himmelsschein,
Zwei goldene Flüglein – wie flög' ich hinein!"

Es ging Maria in stiller Nacht,
Die Erde träumte, der Himmel wacht',
Und durchs Herze, wie sie ging und sann und dacht',
10 Zogen die Sterne mit goldener Macht.
„Ach! Hätt' ich das Brautkleid von Himmelsschein,
Und goldene Sterne gewoben drein!"

Es ging Maria im Garten allein,
Es sangen so lockend bunt' Vögelein,
15 Und Rosen sah sie im Grünen stehn,
Viel rote und weiße so wunderschön.
„Ach! Hätt' ich ein Knäblein so weiß und rot,
Wie wollt' ich's lieb haben bis in den Tod!"

Nun ist wohl das Brautkleid gewoben gar
20 Und goldene Sterne ins dunkele Haar;
Und im Arme die Jungfrau das Knäblein hält
Hoch über der dunkelerbrausenden Welt,
Und vom Kindlein gehet ein Glänzen aus,
Das lockt uns nur ewig: nach Haus, nach Haus! –
(1837)

---

[1] Aus der Vernunft heraus als Ideal abgeleitet.

6 Novalis: (Ich sehe dich in tausend Bildern)

Ich sehe dich in tausend Bildern,
Maria, lieblich ausgedrückt,
Doch keins von allen kann dich schildern,
Wie meine Seele dich erblickt.

Ich weiß nur, dass der Welt Getümmel
Seitdem mir wie ein Traum verweht,
Und ein unnennbar süßer Himmel
Mir ewig im Gemüte steht.

(1800)

*Martin Schongauer (1430–1491): Maria im Rosenhag, 1473,
Öl auf Leinwand*

V Literarische Kontexte

1 Unbekannter Verfasser: Der Tannhäuser

Nun will ich aber heben an,
Vom Tannhäuser wollen wir singen,
Und was er wunderbar hat getan,
Mit Frau Venussinnen.

5 Der Tannhäuser war ein Ritter gut,
Er wollt groß Wunder schauen,
Da zog er in Frau Venus Berg,
Zu andern schönen Frauen.

„Herr Tannhäuser, Ihr seid mir lieb,
10 Daran sollt Ihr gedenken,
Ihr habt mir einen Eid geschworen,
Ihr wollt nicht von mir wanken." (...)

„Mein Leben ist schon worden krank,
Ich kann nicht länger bleiben,
15 Gebt mir Urlaub Fraue zart,
Von Eurem stolzen Leibe."

„Herr Tannhäuser nicht sprecht also,
Ihr seid nicht wohl bei Sinnen,
Nun lasst uns in die Kammer gehn,
20 Und spielen der heimlichen Minnen."

„Eure Minne ist mir worden leid,
Ich hab in meinem Sinne,
O Venus, edle Jungfrau zart,
Ihr seid ein Teufelinne."

25 „Tannhäuser ach, wie sprecht Ihr so,
Bestehet Ihr mich zu schelten?
Sollt ihr noch länger bei uns sein,
Des Worts müsst Ihr entgelten.

Tannhäuser wollt Ihr Urlaub han,
Nehmt Urlaub von den Greisen,
Und wo Ihr in dem Land umbfahrt,
Mein Lob das sollt Ihr preisen."

Der Tannhäuser zog wieder aus dem Berg,
In Jammer und in Reuen:
„Ich will gen Rom in die fromme Stadt,
All auf den Papst vertrauen. (...)

Da zog er wieder aus der Stadt,
In Jammer und in Leiden;
„Maria Mutter, reine Magd,
Muss ich mich von dir scheiden,

So zieh ich wieder in den Berg,
Ewiglich und ohn Ende,
Zu Venus meiner Frauen zart,
Wohin mich Gott will senden."

„Seid willkommen Tannhäuser gut,
Ich hab Euch lang entbehrt,
Willkommen seid mein liebster Herr,
Du Held, mir treu bekehret." (...)

Da war er wieder in den Berg,
Darinnen sollt er nun bleiben,
So lang bis an den jüngsten Tag,
Wo ihn Gott will hinweisen.
(1688)

2 Ludwig Tieck: Der getreue Eckart und der Tannhäuser

In Tiecks Märchen gerät ein junger Adeliger namens Tannhäuser in den Bann von Frau Venus' unterirdischer Zauberwelt.

Wie in einem unterirdischen Bergwerke war nun mein Weg. Der Steg war so schmal, dass ich mich hindurchdrängen musste, ich vernahm den Klang der verborgenen wandernden Gewässer, ich hörte die Geister, die die Erze und Gold und Silber bildeten, um den Menschengeist zu locken, ich fand die tiefen Klänge und Töne hier einzeln und verborgen, aus denen die irdische Musik entsteht; je tiefer ich ging, je mehr fiel es wie ein Schleier vor meinem Angesichte hinweg.

Ich ruhte aus und sah andre Menschengestalten heranwanken, mein Freund Rudolf war unter ihnen; ich begriff gar nicht, wie sie mir vorbei kommen würden, da der Weg so sehr enge war, aber sie gingen mitten durch die Steine hindurch, ohne dass sie mich gewahr wurden.

Alsbald vernahm ich Musik, aber eine ganz andre, als bis dahin zu meinem Gehör gedrungen war, meine Geister in mir arbeiteten den Tönen entgegen; ich kam ins Freie, und wunderhelle Farben glänzten mich von allen Seiten an. Das war es, was ich immer gewünscht hatte. Dicht am Herzen fühlte ich die Gegenwart der gesuchten, endlich gefundenen Herrlichkeit, und in mich spielten die Entzückungen mit allen ihren Kräften hinein. So kam mir das Gewimmel der frohen heidnischen Götter entgegen, Frau Venus an ihrer Spitze, alle begrüßten mich; sie sind dorthin gebannt von der Gewalt des Allmächtigen, und ihr Dienst ist von der Erde vertilgt; nun wirken sie von dort in ihrer Heimlichkeit.

Alle Freuden, die die Erde beut, genoss und schmeckte ich hier in ihrer vollsten Blüte, unersättlich war mein Busen und unendlich der Genuss. Die berühmten Schönheiten der alten Welt waren zugegen, was mein Gedanke wünschte, war in meinem Besitz, eine Trunkenheit folgte der andern, mit jedem Tage schien um mich her die Welt in bunteren Farben zu brennen. Ströme des köstlichsten Weines löschten den grimmigen Durst, und die holdseligsten Gestalten gaukelten dann in der Luft, ein Gewimmel von

V Literarische Kontexte

nackten Mädchen umgab mich einladend, Düfte schwangen sich bezaubernd um mein Haupt, wie aus dem innersten Herzen der seligsten Natur erklang eine Musik, und kühlte mit ihren frischen Wogen der Begierde wilde Lüsternheit, ein Grauen, das so heimlich über die Blumenfelder schlich, erhöhte den entzückenden Rausch. Wie viele Jahre so verschwunden sind, weiß ich nicht zu sagen, denn hier gab es keine Zeit und keine Unterschiede, in den Blumen brannte der Mädchen und der Lüste Reiz, in den Körpern der Weiber blühte der Zauber der Blumen, die Farben führten hier eine andre Sprache, die Töne sagten neue Worte, die ganze Sinnenwelt war hier in einer Blüte fest gebunden, und die Geister drinnen feierten ewig einen brünstigen Triumph.

(1799)

3 Ludwig Tieck: Der Runenberg

Einen jungen Mann namens Christian zieht es aus der heimatlichen Ebene in die Berge und Wälder, in denen er Geheimnisse und unterirdische Reichtümer vermutet. Von einem geheimnisvollen Fremden geleitet, erlebt er ein nächtliches Abenteuer. Dieses Erlebnis lässt ihn nicht mehr los. Er verlässt seine Familie und kehrt nie wieder.

Plötzlich sah er ein Licht, das sich hinter dem alten Gemäuer zu bewegen schien. Er sah dem Scheine nach, und entdeckte, dass er in einen alten geräumigen Stall blicken konnte, der wunderlich verziert von mancherlei Gesteinen und Kristallen in vielfältigen Schimmern funkelte, die sich geheimnisvoll von dem wandelnden Lichte durcheinander bewegten, welches eine große weibliche Gestalt trug, die sinnend im Gemache auf und nieder ging. Sie schien nicht den Sterblichen anzugehören, so groß, so mächtig waren ihre Glieder, so streng ihr Gesicht, aber doch dünkte dem entzückten Jünglinge, dass er noch niemals solche Schönheit gesehn oder geahndet habe. Er zitterte und wünschte doch heimlich, dass sie zum Fenster treten und ihn wahrnehmen möchte. Endlich stand sie still, setzte das Licht auf einen kristallenen Tisch nieder, schaute in die Höhe und sang mit durchdringlicher Stimme. (...)
Als sie geendigt hatte, fing sie an sich zu entkleiden, und ihre Gewänder in einen kostbaren Wandschrank zu legen. Erst nahm sie einen goldenen Schleier vom Haupte, und ein langes, schwarzes Haar floss in geringelter Fülle bis über die Hüften hinab; dann löste sie das Gewand des Busens, und der Jüngling vergaß sich und die Welt im Anschauen der überirdischen Schönheit. Er wagte kaum zu atmen, als sie nach und nach alle Hüllen löste; nackt schritt sie endlich im Saale auf und nieder, und ihre schweren schwebenden Locken bildeten um sie her ein dunkel wogendes Meer, aus dem wie Marmor die glänzenden Formen des reinen Leibes abwechselnd hervorstrahlten. Nach geraumer Zeit näherte sie sich einem andern goldenen Schranke, nahm eine Tafel heraus, die von vielen eingelegten Steinen, Rubinen, Diamanten und allen Juwelen glänzte, und betrachtete sie lange

prüfend. Die Tafel schien eine wunderliche unverständliche Figur mit ihren unterschiedlichen Farben und Linien zu bilden; zuweilen war, nachdem der Schimmer ihm entgegen spiegelte, der Jüngling schmerzhaft geblendet, dann wieder besänftigten grüne und bláu spielende Scheine sein Auge: er aber stand, die Gegenstände mit seinen Blicken verschlingend, und zugleich tief in sich selbst versunken. In seinem Innern hatte sich ein Abgrund von Gestalten und Wohllaut, von Sehnsucht und Wollust aufgetan, Scharen von beflügelten Tönen und wehmütigen und freudigen Melodien zogen durch sein Gemüt, das bis auf den Grund bewegt war: Er sah eine Welt von Schmerz und Hoffnung in sich aufgehen, mächtige Wunderfelsen von Vertrauen und trotzender Zuversicht, große Wasserströme, wie voll Wehmut fließend. Er kannte sich nicht wieder, und erschrak, als die Schöne das Fenster öffnete, ihm die magische steinerne Tafel reichte und die wenigen Worte sprach: „Nimm dieses zu meinem Angedenken!" Er fasste die Tafel und fühlte die Figur, die unsichtbar sogleich in sein Inneres überging, und das Licht und die mächtige Schönheit und der seltsame Saal waren verschwunden. Wie eine dunkele Nacht mit Wolkenvorhängen fiel es in sein Inneres hinein, er suchte nach seinen vorigen Gefühlen, nach jener Begeisterung und unbegreiflicher Liebe, er beschaute die kostbare Tafel, in welcher sich der untersinkende Mond schwach und bläulich spiegelte.

Noch hielt er die Tafel fest in seine Hände gepresst, als der Morgen graute und er erschöpft, schwindelnd und halb schlafend die steile Höhe hinunterstürzte.

(1812)

V Literarische Kontexte

4 Joseph von Eichendorff: Der Wirbel

Zu Beginn von Eichendorffs erstem Roman „Ahnung und Gegenwart" fährt eine fröhliche Gruppe Studenten auf einem Schiff die Donau abwärts.

Wer von Regensburg her auf der Donau hinabgefahren ist, der kennt die herrliche Stelle, welche der Wirbel genannt wird. Hohe Bergschluften umgeben den wunderbaren Ort. In der Mitte des Stromes steht ein seltsam geformter Fels, von dem ein hohes Kreuz trost- und friedenreich in den Sturz und Streit der empörten Wogen hinabschaut. Kein Mensch ist hier zu sehen, kein Vogel singt, nur der Wald von den Bergen und der furchtbare Kreis, der alles Leben in seinen unergründlichen Schlund hinabzieht, rauschen hier seit Jahrhunderten gleichförmig fort. Der Mund des Wirbels öffnet sich von Zeit zu Zeit dunkelblickend, wie das Auge des Todes. Der Mensch fühlt sich auf einmal verlassen in der Gewalt des feindseligen, unbekannten Elements, und das Kreuz auf dem Felsen tritt hier in seiner heiligsten und größten Bedeutung hervor. Alle wurden bei diesem Anblicke still und atmeten tief über dem Wellenrauschen. Hier bog plötzlich ein anderes fremdes Schiff, das sie lange in weiter Entfernung verfolgt hatte, hinter ihnen um die Felsenecke. Eine hohe, junge, weibliche Gestalt stand ganz vorn auf dem Verdecke und sah unverwandt in den Wirbel hinab. Die Studenten waren von der plötzlichen Erscheinung in dieser dunkelgrünen Öde überrascht und brachen einmütig in ein freudiges Hurra aus, dass es weit an den Bergen hinunterschallte. Da sah das Mädchen auf einmal auf, und ihre Augen begegneten Friedrichs Blicken. Er fuhr innerlichst zusammen. Denn es war, als deckten ihre Blicke plötzlich eine neue Welt von blühender Wunderpracht, uralten Erinnerungen und nie gekannten Wünschen in seinem Herzen auf. Er stand lange in ihrem Anblick versunken, und bemerkte kaum, wie indes der Strom nun wieder ruhiger geworden war und zu beiden Seiten schöne Schlösser, Dörfer und Wiesen vorüberflogen, aus denen der Wind das Geläute weidender Herden herüberwehte.

(1815)

5 E.T.A. Hoffmann: Der Sandmann

In Hoffmanns Erzählung „Der Sandmann" erwirbt der Student Nathanael ein Fernglas, das die Welt für ihn verändert. Die schöne Olimpia – nicht Mensch, sondern Automatenwesen – erscheint ihm plötzlich in ganz neuem Licht.

Er ergriff ein kleines sehr sauber gearbeitetes Taschenperspektiv[1] und sah, um es zu prüfen, durch das Fenster. Noch im Leben war ihm kein Glas vorgekommen, das die Gegenstände so rein, scharf und deutlich dicht vor die Augen rückte. Unwillkürlich sah er hinein in Spalanzinis Zimmer; Olimpia saß, wie gewöhnlich, vor dem kleinen Tisch, die Arme daraufgelegt, die Hände gefaltet. – Nun erschaute Nathanael erst Olimpias wunderschön geformtes Gesicht. Nur die Augen schienen ihm gar seltsam starr und tot. Doch wie er immer schärfer und schärfer durch das Glas hinschaute, war es, als gingen in Olimpias Augen feuchte Mondesstrahlen auf. Es schien, als wenn nun erst die Sehkraft entzündet würde; immer lebendiger und lebendiger flammten die Blicke. Nathanael lag wie festgezaubert im Fenster, immer fort und fort die himmlisch-schöne Olimpia betrachtend. Ein Räuspern und Scharren weckte ihn, wie aus tiefem Traum.

(1817)

---

1 Fernrohr.

VI Vorbild Antike

1 Novalis: Faszination Antike

Heinrich, der Titelheld aus Novalis' Roman „Heinrich von Ofterdingen", begegnet auf einer Reise einem Mädchen aus dem Morgenland. Sie schwärmt von ihrer Heimat voller griechischrömischer Ruinen.

Sie beschrieb die romantischen Schönheiten der fruchtbaren arabischen Gegenden, (...) anziehend durch mannigfaltige Überbleibsel ehemaliger denkwürdiger Zeiten. „Ihr würdet mit Verwunderung", sagte sie, „die buntfarbigen, hellen, seltsamen Züge und Bilder auf den alten Steinplatten sehn. Sie scheinen so bekannt und nicht ohne Ursach so wohl erhalten zu sein. Man sinnt und sinnt, einzelne Bedeutungen ahnet man, und wird um so begieriger, den tiefsinnigen Zusammenhang dieser uralten Schrift zu erraten. Der unbekannte Geist derselben erregt ein ungewöhnliches Nachdenken, und wenn man auch ohne den gewünschten Fund von dannen geht, so hat man doch tausend merkwürdige Entdeckungen in sich selbst gemacht, die dem Leben einen neuen Glanz und dem Gemüt eine lange, belohnende Beschäftigung geben. Das Leben auf einem längst bewohnten und ehemals schon durch Fleiß, Tätigkeit und Neigung verherrlichten Boden hat einen besondern Reiz. Die Natur scheint dort menschlicher und verständlicher geworden, eine dunkle Erinnerung unter der durchsichtigen Gegenwart wirft die Bilder der Welt mit scharfen Umrissen zurück, und so genießt man eine doppelte Welt, die eben dadurch das Schwere und Gewaltsame verliert und die zauberische Dichtung und Fabel unserer Sinne wird. (...)"

(1802)

VI Vorbild Antike

Karl Friedrich Schinkel (1781–1841): Blick in Griechenlands Blüte (Ausschnitt), 1825, Öl auf Leinwand

VI Vorbild Antike

2 Friedrich Schiller: Briefe über die ästhetische Erziehung des Menschen, 9. Brief

Aber ist hier nicht vielleicht ein Zirkel? Die theoretische Kultur soll die praktische herbeiführen und die praktische doch die Bedingung der theoretischen sein? Alle Verbesserung im Politischen soll von Veredlung des Charakters ausgehen – aber wie
5 kann sich unter den Einflüssen einer barbarischen Staatsverfassung der Charakter veredeln? (...)
Dieses Werkzeug ist die schöne Kunst, diese Quellen öffnen sich in ihren unsterblichen Mustern. Von allem, was positiv ist und was menschliche Konventionen einführten, ist die Kunst wie die
10 Wissenschaft losgesprochen, und beide erfreuen sich einer absoluten *Immunität* von der Willkür der Menschen. Der politische Gesetzgeber kann ihr Gebiet sperren, aber darin herrschen kann er nicht. Er kann den Wahrheitsfreund ächten, aber die Wahrheit besteht; er kann den Künstler erniedrigen, aber die Kunst kann
15 er nicht verfälschen. (...)
Der Künstler ist zwar der Sohn seiner Zeit, aber schlimm für ihn, wenn er zugleich ihr Zögling oder gar noch ihr Günstling ist. Eine wohltätige Gottheit reiße den Säugling beizeiten von seiner Mutter Brust, nähre ihn mit der Milch eines bessern Alters und
20 lasse ihn unter fernem griechischen Himmel zur Mündigkeit reifen. Wenn er dann Mann geworden ist, so kehre er, eine fremde Gestalt, in sein Jahrhundert zurück; aber nicht, um es mit seiner Erscheinung zu erfreuen, sondern furchtbar wie Agamemnons Sohn, um es zu reinigen. Den Stoff zwar wird er von der Gegen-
25 wart nehmen, aber die Form von einer edleren Zeit, ja jenseits aller Zeit, von der absoluten unwandelbaren Einheit seines Wesens entlehnen. Hier aus dem reinen Äther seiner dämonischen Natur rinnt die Quelle der Schönheit herab, unangesteckt von der Verderbnis der Geschlechter und Zeiten, welche tief unter
30 ihr in trüben Strudeln sich wälzen. (...)
Wie verwahrt sich aber der Künstler vor den Verderbnissen seiner Zeit, die ihn von allen Seiten umfangen? Wenn er ihr Urteil verachtet. Er blicke aufwärts nach seiner Würde und dem Gesetz, nicht niederwärts nach dem Glück und nach dem Bedürf-
35 nis. Gleich frei von der eitlen Geschäftigkeit, die in den flüchti-

VI Vorbild Antike

gen Augenblick gern ihre Spur drücken möchte, und von dem ungeduldigen Schwärmergeist, der auf die dürftige Geburt der Zeit den Maßstab des Unbedingten anwendet, überlasse er dem Verstande, der hier einheimisch ist, die Sphäre des Wirklichen; er aber strebe, aus dem Bunde des Möglichen mit dem Notwendigen das Ideal zu erzeugen.

(1795)

Zeittafel zu Leben und Werk

1788 Joseph Karl Benedikt Freiherr von Eichendorff auf Schloss Lubowitz bei Ratibor in Oberschlesien am 10. März geboren.

1792 Aloysia Anna Viktoria von Larisch, seine spätere Ehefrau, auf einem Nachbargut geboren.

1801 Eintritt in das Matthias-Gymnasium zu Breslau. Wohnung im sogenannten Konvikt.

1805 Beginn des juristischen Studiums in Halle. Im Frühherbst Harzreise.

1807 Übersiedlung nach Heidelberg. Kolleg bei Görres, einem noch jungen, aber hochbegabten Professors. Beginn der Freundschaft mit dem jungen romantischen Dichter Graf Loeben.

1808 Abschluss des Studiums durch die „Tour" (Bildungsreise) nach Paris und Wien. Im Sommer schon nach Lubowitz zurück, wo er mit dem Bruder den Vater bei der Verwaltung der Güter unterstützte, eine Tätigkeit, die nur unterbrochen wird durch

1809 eine Reise nach Berlin, die mehrere Monate währt (bis 1810). Schwere Krankheit. Bekanntschaft mit dem konservativen Denker Adam Müller, den Dichtern Brentano, Armin und Kleist. Vorher die erste Prosadichtung „Die Zauberei im Herbste".

1810 Abschied von Lubowitz. Wohl im Zusammenhang damit entstanden: „O Täler weit, o Höhen". In Wien Vorbereitung auf das Referendarexamen. Vermutlich Konzeption des Romans „Ahnung und Gegenwart".

1811 Referendarprüfung. Enger Anschluss an die Familie Schlegel. Großer Bekanntenkreis. In diesem und im folgenden Jahr bei schwierigen wirtschaftlichen Verhältnissen (Hungerleben) erste Niederschrift von „Ahnung und Gegenwart". Korrektur durch Dorothea Schlegel.

1813 Teilnahme an den Befreiungskriegen, aus denen er erst Anfang 1816 heimkehrt. Der Kriegsdienst war öfter unterbrochen, einmal durch eine vorübergehende Anstellung im preußischen Kriegsministerium.

Zeittafel

1815 Heirat. Konflikt mit den Eltern. Der Roman „Ahnung und Gegenwart" erscheint. Geburt seines Sohnes Hermann.

1816 Referendar bei der Breslauer Regierung. Ohne Gehalt. In diesem und in den folgenden Jahren finanziell eingeschränkes Leben.

1817 Die Erzählung „Das Marmorbild", 1819 erstmals veröffentlicht, entsteht.

1819 Große Staatsprüfung in Berlin. Ernennung zum Regierungsassessor in Breslau.

1821 Beginn der Tätigkeit als Regierungsrat in Danzig. Zum ersten Male ein auskömmliches Gehalt, bei einer schon vier Kinder umfassenden Familie.

1822 Tod der Mutter, der der Vater 1818 vorausgegangen ist. Lubowitz unter dem Hammer.

1823 Das erste Kapitel des „Taugenichts" veröffentlicht.

1824 Mitglied der ostpreußischen Regierung als Oberpräsidialrat in Königsberg.

1831 Ratsstelle im preußischen Kultusministerium in Berlin.

1833 Das Lustspiel „Die Freier" erscheint.

1837 Erstausgabe der „Gedichte", die Novelle „Das Schloss Dürande" veröffentlicht.

1838 Ferienreise nach München und Wien.

1841 Ernennung zum Geheimen Regierungsrat im Kultusministerium. Beginn des Konfliktes mit seinem Minister. Veröffentlichung seiner letzten Novelle („Die Glücksritter").

1844 Ausscheiden aus dem Staatsdienst infolge des Konfliktes.

1846 Nach Wien für nahezu ein Jahr. Beginn der literarhistorischen Aufsätze und Schriften.

1847 Wieder in Berlin. „Über die ethische und religiöse Bedeutung der neueren romantischen Poesie in Deutschland".

1848 In Dresden und Köthen.

1850 Wieder in Berlin bis 1855: Während dieser Zeit seine umfangreichen Werke über den deutschen Roman im 18. Jahrhundert und die Geschichte des europäischen Dramas von den Anfängen bis zur Gegenwart.

1855 Übersiedlung nach Neisse. Tod der Ehefrau.

1857 Endgültige Fassung der beiden Memoirenkapitel. Tod des Dichters am 26. November.

Inhalt

I Zugänge 44
1 Carla Schulz-Hoffmann: Romantische Echos 44
2 Novalis: Ein tiefer blauer Strom 46
3 Novalis: Das Wasser 47

II „Zu spät geboren" – Biografisches und Zeitgeschichtliches 48
1 Joseph von Eichendorff: Zu spät geboren 48
2 Wolfgang Frühwald: Lebensspuren 49
3 Joseph von Eichendorff: Der Isegrimm 50
4 Joseph von Eichendorff: Täuschung 51
5 Brief Eichendorffs an Friedrich de la Motte Fouqué 52
6 Wolfgang Frühwald: Die Zeichen der neuen Zeit 53
7 Joseph von Eichendorff: Jetzt bauten sie Fabriken und Arbeiterkasernen 54
8 Joseph von Eichendorff: Diese barbarische Gleichmacherei 55

III Eichendorff und die Romantik 56
1 Kritik an der Aufklärung 56
1.1 August Wilhelm Schlegel: Unser Gemüt teilt sich zwischen Licht und Dunkel 56
2 Die romantische Dichtart 58
2.1 Friedrich Schlegel: Romantische Universalpoesie 58
2.2 Joseph von Eichendorff: Emanzipation der Subjektivität 59
2.3 Novalis: (Wenn nicht mehr Zahlen und Figuren) 60
3 Die Macht der Träume 61
3.1 Gotthilf Heinrich Schubert: Die Sprache des Traumes 61
3.2 Novalis: Die blaue Blume 62
3.3 Joseph von Eichendorff: Die Nachtblume 64
3.4 Joseph von Eichendorff: (Denkst du des Schlosses noch auf stiller Höh?) 65
4 Die Romantik im Bild 66
5 Kritik an der Romantik 68
5.1 Joseph von Eichendorff: Losgelöste Fantasie 68

IV	**Frauenbilder – Zwischen Venus und Maria**	70
1	Friedrich Schlegel: Eine solche Frau	70
2	Clemens Brentano: Sie ward sonderbar durch mich erregt	72
3	Clemens Brentano: (Die Welt war mir zuwider)	74
4	Friedrich de la Motte Fouqué: Wassergeister	76
5	Joseph von Eichendorff: Mariä Sehnsucht	78
6	Novalis: (Ich sehe dich in tausend Bildern)	79
V	**Literarische Kontexte**	80
1	Unbekannter Verfasser: Der Tannhäuser	80
2	Ludwig Tieck: Der getreue Eckart und der Tannhäuser	82
3	Ludwig Tieck: Der Runenberg	84
4	Joseph von Eichendorff: Der Wirbel	86
5	E.T.A. Hoffman: Der Sandmann	87
VI	**Vorbild Antike**	88
1	Novalis: Faszination Antike	88
2	Friedrich Schiller: Über die ästhetische Erziehung des Menschen, 9. Brief	90

Zeittafel	92
Inhalt	94
Text- und Bildquellenverzeichnis	96

Text- und Bildquellen

Textquellenverzeichnis

S. 44: "Carla Schulz-Hoffmann: Romantische Echos", aus: Max Ernst. Die Retrospektive, hrsg. von Werner Spies, Berlin/Köln: DuMont Verlag 1999, S. 262. **S. 46f:** "Novalis: Ein tiefer blauer Strom", aus: Novalis, Werke, hrsg. und komm. von Gerhard Schulz, München: Verlag C.H. Beck 1969, S. 219f. **S. 47:** "Novalis: Das Wasser", aus: Novalis, Werke, a.a.O., S. 122. **S. 48:** "Joseph von Eichendorff: Zu spät geboren", aus: Eichendorff, Werke in sechs Bänden, hrsg. von Wolfgang Frühwald, Brigitte Schillbach und Hartwig Schultz, Frankfurt: Deutscher Klassiker Verlag 1985, Bd. 5, S. 360. **S. 49:** "Wolfgang Frühwald: Lebensspuren", aus: Joseph von Eichendorff, Werke, a.a.O., Bd. 2, S. 565f. **S. 50:** "Joseph von Eichendorff: Der Isegrimm", aus: Eichendorff, Werke, a.a.O., Bd. 1, S. 236. **S. 51:** "Joseph von Eichendorff: Täuschung", aus: Eichendorff, Werke, a.a.O., Bd. 1, S. 347. **S. 52:** "Brief Eichendorffs an Friedrich de la Motte Fouqué", zit. nach: Erläuterungen und Dokumente zu Joseph von Eichendorff, Das Marmorbild, hrsg. von Ursula Regener, Stuttgart: Verlag Ph. Reclam jun., 2004, S. 55. **S. 53:** "Wolfgang Frühwald: Die Zeichen der neuen Zeit", aus: Eichendorff, Werke, a.a.O., Bd. 5, S. 854f. **S. 54:** "Joseph von Eichendorff: Jetzt bauten sie Fabriken und Arbeiterkasernen ...", aus: Eichendorff, Werke, a.a.O., Bd. 6, S. 411ff. **S. 55:** "Joseph von Eichendorff: Diese barbarische Gleichmacherei ...", aus: Eichendorff, Werke, a.a.O., Bd. 6, S. 410f. **S. 56f:** "August Wilhelm Schlegel: Unser Gemüt teilt sich zwischen Licht und Dunkel", aus: August Wilhelm Schlegel, Geschichte der klassischen Literatur. Kritische Schriften und Briefe, hrsg. von Edgar Lohner, Stuttgart: W. Kohlhammer Verlag 1964, Bd. 3, S. 65f. **S. 58:** "Friedrich Schlegel: Romantische Universalpoesie", aus: Friedrich Schlegel, Kritische und theoretische Schriften, Auswahl und Nachwort von Andreas Huyssen, Stuttgart: Verlag Ph. Reclam jun. 1978, S. 90f. **S. 60:** "Novalis: Wenn nicht mehr Zahlen und Figuren", aus: Novalis, Werke, a.a.O., S. 85. **S. 60:** "Caspar David Friedrich: Schließe dein leibliches Auge", aus: Caspar David Friedrich in Briefen und Bekenntnissen, hrsg. von Sigrid Hinz, Berlin: Henschelverlag 1968, S. 92. **S. 61:** "Gotthilf Heinrich Schubert: Die Sprache des Traumes", aus: Die deutsche Literatur. Ein Abriss in Text und Darstellung. Romantik I, hrsg. von Hans-Jürgen Schmitt, Stuttgart: Verlag Ph. Reclam jun., 1974, 2003, Bd. 8, S. 273f. **S. 62f:** "Novalis: Die blaue Blume", aus: Novalis, Werke, a.a.O., S. 131ff. **S. 64:** "Joseph von Eichendorff: Die Nachtblume", aus: Eichendorff, Werke, a.a.O., Bd. 1, S. 299. **S. 65:** "Joseph von Eichendorff: (Denkst du des Schlosses noch auf stiller Höh?)", aus: Eichendorff, Werke, a.a.O., Bd. 1, S. 299f. **S. 68 f:** "Joseph von Eichendorff: Losgelöste Fantasie", aus: Eichendorff, Werke, a.a.O., Bd. 6, S. 52ff. **S. 70f:** "Friedrich Schlegel: Eine solche Frau", aus: Friedrich Schlegel: Lucinde. Ein Roman, Frankfurt: Insel Verlag 1985, S. 20ff. **S. 72:** "Clemens Brentano: Sie ward sonderbar durch mich erregt", aus: Clemens Brentano, Godwi oder Das steinerne Bild der Mutter. Ein verwilderter Roman, hrsg. von Ernst Behler, Stuttgart: Verlag Ph. Reclam jun.1995, S. 434f. **S. 74f:** "Clemens Brentano: (Die Welt war mir zuwider)", aus: Clemens Brentano, Werke, hrsg. von Wolfgang Frühwald u.a., München: Carl Hanser Verlag 1968, Bd. 1, S. 273f. **S. 76f:** "Friedrich de la Motte Fouqué: Wassergeister", aus: Friedrich de la Motte Fouqué, Undine, Stuttgart: Verlag Ph. Reclam jun. 1987, S. 43ff. **S. 78:** "Friedrich Schlegel: Christus ist jetzt verschiedentlich a priori deduziert worden ...", aus: Friedrich Schlegel, Kritische und theoretische Schriften, a.a.O., S. 104f. **S. 78:** "Joseph von Eichendorff: Mariä Sehnsucht", aus: Eichendorff, Werke, a.a.O., Bd. 1, S. 55f. **S. 79:** "Novalis: (Ich sehe dich in tausend Bildern)", aus: Novalis, Werke, a.a.O., S. 71. **S. 80f:** "Unbekannter Verfasser: Der Tannhäuser", aus: Achim von Arnim/Clemens Brentano, Des Knaben Wunderhorn. Alte deutsche Lieder, hrsg. und komm. von Heinz Rölleke, Stuttgart: Verlag Ph. Reclam jun. 1987, Bd. 1, S. 79ff. **S. 82f:** "Ludwig Tieck: Der Runenberg", aus: Ludwig Tieck, Der blonde Eckbert. Der Runenberg, Stuttgart: Verlag Ph. Reclam jun. 2002, S. 34ff. **S. 84:** "Joseph von Eichendorff: Der Wirbel", aus: Eichendorff, Werke, a.a.O. Bd. 2, S. 58 **S. 85:** "E.T.A. Hoffmann: Der Sandmann", aus: E.T.A. Hoffmann, Der Sandmann, hrsg. von Rudolf Drux, Stuttgart: Verlag Ph. Reclam jun. 1991, S. 27. **S. 86:** "Novalis: Faszination Antike", aus: Novalis, Werke, a.a.O., S. 174f. **S. 88f.:** "Friedrich Schiller: Briefe über die ästhetische Erziehung, 9. Brief", aus: Friedrich Schiller, Sämtliche Werke, München: Hanser Verlag, München 1959, Bd. 5, S. 592ff.

Bildquellenverzeichnis

Umschlag/S. 43: Corbis (Massimo Borchi), Düsseldorf. **S. 44:** Max Ernst, Une Semaine de Bonté (c) VG Bild-Kunst,Bonn 2007. **S. 45:** Max Ernst, Une Semaine de Bonté (c) VG Bild-Kunst, Bonn 2007. **S. 48:** BPK, Berlin. **S. 60:** AKG, Berlin. **S. 66:** BPK (Hamburger Kunsthalle/Elk), Berlin. **S. 67.1:** BPK (Nationalgalerie, SMB/Jörg P. Anders), Berlin. **S. 67.2:** AKG, Berlin. **S. 73:** AKG, Berlin. **S. 79:** AKG, Berlin. **S. 89:** BPK (Jörg P. Anders), Berlin.

Nicht in allen Fällen war es uns möglich, den Rechteinhaber ausfindig zu machen. Berechtigte Ansprüche werden selbstverständlich im Rahmen der üblichen Vereinbarungen abgegolten.